父母成就孩子一生的必备教子经典

好父母胜过好老师。父母对孩子教育的高度是拉开孩子间人生差距的关键。

父母的高度
拉开孩子的差距

武庆新◎编著

FUMU DE GAODU
LAKAI HAIZI DE CHAJU

别毁了你的孩子
先改变自己，才能改变孩子
把你的孩子培养成才

父母对孩子教育的质量和高度决定着孩子之间的差距，左右着孩子今后人生的成败。

北京工业大学出版社

图书在版编目(ＣＩＰ)数据

父母的高度拉开孩子的差距 / 武庆新编著.—北京：北京工业大学出版社，2012.3

ISBN 978-7-5639-2985-6

Ⅰ.①父… Ⅱ.①武… Ⅲ.①家庭教育 Ⅳ.①G78

中国版本图书馆 CIP 数据核字（2012）第 010241 号

父母的高度拉开孩子的差距

编　　著：武庆新

责任编辑：刘学宽

封面设计：翼之扬设计

出版发行：北京工业大学出版社

　　　　　（北京市朝阳区平乐园 100 号　　100124）

　　　　　010-67391722（传真）　bgdcbs@sina.com

出 版 人：郝　勇

经销单位：全国各地新华书店

承印单位：九洲财鑫印刷有限公司

开　　本：787 mm×1092 mm　1/16

印　　张：14.25

字　　数：201 千字

版　　次：2012 年 3 月第 1 版

印　　次：2012 年 3 月第 1 次印刷

标准书号：ISBN 978-7-5639-2985-6

定　　价：24.00 元

前　言

　　孩子是家庭的希望，怎样把孩子教育好，是每家父母都会面对和思考的问题。家庭教育是孩子教育中最关键的环节，家庭教育的成败直接关系着孩子今后人生的发展以及生活的质量。

　　美国教育家泰曼·约翰逊曾说："成功的家教造就成功的孩子，失败的家教造就失败的孩子。"可见，家庭教育对孩子成长是非常重要的。而且，孩子的教育是影响其一生的教育，孩子的性格、习惯、最初的人生观、世界观和价值观都是在这一时期奠定的，因此，孩子家庭教育的质量和水准在一定程度上就决定着孩子今后人生的高度。

　　此外，家庭教育也是孩子成长过程中不可缺少的手段。孩子在成长的过程中总会出现这样或那样的偏差，总会产生这样或那样的疑问和困惑，这个时候就需要父母给予一定的关心和指导，才能使孩子沿着正确而健康的方向前进，才能保证孩子有一个充满光明前景的未来。

　　家庭教育的实质就是父母对孩子的教育。在家庭教育中，父母对孩子教育的质量和高度直接拉开孩子之间人生的差距。父母对孩子教育得好是孩子出色的根本和关键。因为家庭是孩子最早接触的最简单的社会结构单位，父母就是这个单位里最具权威的老师。再加上孩子本来就有模仿的天性，父母的一举一动都会深深地印在孩子的脑海中，所以说，父母的高度会拉开孩子的差距。父母如何培养孩子，孩子就会成为什么样的人。当然，这种高度不是指父母的身高，而是父母对孩子教育的理念和方法，父母对于孩子成长细节的认知和把握程度。如果父母忽视孩子成长的细节，不注重孩子成长的特点，没有及时对孩子进行相关的引导和教育，那么孩子就会在无形中与其他的孩子产生差距，最终无法挽回。

差距就是这样在孩童时期逐渐拉开的，只有父母恰如其分地扮演好自己的角色，才能使孩子赢在起点上，顺利而自如地度过人生成长的关键期，给人生打下坚实和牢固的基础。所以，父母在家庭教育中如何扮演好自己的角色，如何在孩子点滴的生活细节中发现孩子的优劣并及时完善和纠正是至关重要的。

鲁迅先生说："教育孩子如同育花，精心浇花、施肥、呵护，方能成功。但事实上并不是所有人都能养好花，不懂得就要向别人请教，学习养花的经验和艺术。"所以，对孩子的教育，父母要时时补充新的内容，根据孩子的特点和时代的要求不断地学习孩子教育中的精华。本书就是针对孩子成长过程中身体和心理的特点以及时代发展的需要，根据孩子最容易出现的问题、最需要补充的"营养"，引领着父母从引导力、品格力、习惯力、自信力、学习力、社交力六大方面入手，观察孩子成长的轨迹，修正孩子成长过程中出现的错误以及发现父母在家庭教育中需要正确认识和对待的问题。

这些科学而实用的家教方法和侧重点，一定能够使父母通过家庭教育培养出一个出色而完美的孩子，给孩子奠定一个崭新而卓越不凡的起始点。

目　录

第一章　引导力指引孩子的成长

用切实的言行兑现对孩子的许诺 ……………………………… 3

用文明的语言导引孩子的成长 ………………………………… 6

父母的举止决定孩子的走向 …………………………………… 9

父母教育角色的定位成就孩子的未来 ………………………… 12

恰当地对孩子进行称赞 ………………………………………… 16

正确对待孩子提出的问题 ……………………………………… 20

倾听也是一场爱的教育 ………………………………………… 24

认识你的孩子是引导孩子的前提 ……………………………… 28

以一颗平等、真诚的心来对待孩子 …………………………… 32

正确保护孩子的隐私 …………………………………………… 35

正确理解和看待孩子的惹是生非 ……………………………… 39

第二章　品格力充盈孩子的灵魂

重视对孩子的爱心教育 ………………………………………… 45

重视对孩子品德的教育 ……………………………… 49

重视对孩子进行诚实的品质教育 ………………… 53

以理性的态度对待孩子的自私 …………………… 60

让孩子懂得宽容 ……………………………………… 65

让孩子懂得感恩 ……………………………………… 71

让孩子懂得什么是苦难 …………………………… 75

重视对孩子毅力的培养 …………………………… 80

重视培养孩子的乐观精神 ………………………… 85

重视培养孩子的勇敢精神 ………………………… 91

第三章　习惯力铸就孩子的高度

重视对孩子良好生活习惯的培养 ………………… 99

重视对孩子独立自主意识的培养 ………………… 102

巧妙拒绝孩子的不合理要求 ……………………… 107

重视对孩子的理财教育 …………………………… 110

正确认识和对待孩子的拖拉习惯 ………………… 115

正确认识和对待孩子的小偷小摸行为 …………… 121

正确认识和对待孩子的赌博行为 ………………… 126

第四章　自信力支撑孩子的未来

重视对孩子自信力的培养 ………………………… 133

正确认识和对待对孩子的赞赏行为 ……………… 138

善于在规则中给孩子自由的空间 ………………… 143

尊重孩子自己的选择 …………………………………… 147

正确认识和对待孩子的辩解 …………………………… 150

第五章　学习力左右孩子的走向

注重对孩子的早期教育 ………………………………… 157

正确认识和对待孩子的创造能力 ……………………… 161

正确认识和对待孩子的学习 …………………………… 165

父母对孩子的教育切忌拔苗助长 ……………………… 170

正确认识和对待孩子的课外阅读行为 ………………… 174

正确认识和对待孩子的培训班教育 …………………… 179

正确督促孩子的学习 …………………………………… 183

正确认识和对待为孩子请家教的行为 ………………… 185

正确认识和对待孩子的学习成绩 ……………………… 189

第六章　社交力决定孩子的成败

正确地引导孩子与陌生人交往 ………………………… 197

正确认识和对待与孩子的沟通交流 …………………… 201

正确认识和对待孩子的交友行为 ……………………… 205

正确认识和对待孩子的孤僻性格 ……………………… 209

重视对孩子合作精神的培养 …………………………… 214

第一章
引导力指引孩子的成长

孩子来到这个世界，从头到脚都是新的。他们对世界充满了好奇与渴望，对知识与环境充满了新鲜感和刺激感。这个时候，作为父母不管是在孩子身体的成长还是心灵的充实上，都要给予孩子一个强有力的引导与规范。"木受绳则直，金就砺则利。"父母只有在细节处时时注意、处处留心，才能引导孩子良性发展，给孩子营造一个良好的身心成长环境，让孩子在轻松、自由、独立、自主的环境下，完成自己的一步步成长。

用切实的言行兑现对孩子的许诺

不要以为孩子什么都不懂，不要随便用许诺来搪塞孩子。失信于自己的孩子，不仅会降低孩子对父母的信任，还会使孩子滋生说谎、不负责任的习惯。

父母是孩子的第一任老师。父母的一言一行、一举一动都在潜移默化地影响着孩子的思想和举止。"有其父必有其子"，这不仅仅是指遗传学上的影响，也说明了父母后天对于孩子影响的重要性。因此，在孩子心智成熟之前，就要多加注意父母自己的言行，为孩子起模范榜样作用。

春秋时期的曾子，为人谨慎、谦恭，性情沉静。他十分注重对孩子品性发展的引导，还由此成就了一段"曾子杀彘"的佳话。

一天，曾子的夫人到集市上去，他的儿子哭着闹着也要跟着去。他母亲对他说："你先回家待着，待会儿我回来杀猪给你吃。"她从集市上回来后，曾子就要捉小猪去杀。她马上走上前劝住曾子说："只不过是跟小孩子开玩笑罢了，你怎么还能当真？"曾子说："夫人，可不能跟孩子随便开这种玩笑啊！小孩子没有思考和判断能力，一切都要向父母学习，父母就是孩子言行的标杆。现在你欺骗他，这就是教孩子骗人啊！你欺骗你的孩子，孩子就不再相信自己的母亲了，这不是教育孩子的方法啊。"于是在曾子的坚持下最终把猪杀了，履行了一个母亲对孩子的承诺。

引导的力量不容小觑，良好的引导和规范会给孩子开启一个取之不尽用之不竭的财富之源。或许在很多人眼里，这是一件再小不过的事，可是曾子却没有把它当做小事来看待。曾子在孩子面前的一言一行都严格要求自己，以自己切实的榜样一步步引导着孩子成长，用自己所有的真善美来指引着孩子前行的方向。他就是为了让孩子成长为一个真正完善的人，一个"言必信，行必果"的人。因为，他知道父母的言行与引导直接关系着孩子今后的人生走向。

"人之初，性本善"，孩子和什么样的人在一起，就很可能成为什么样的人。所以在孩子成长的过程中，父母为孩子营造一个良好的环境是十分重要的。这个环境不仅包括父母为孩子所提供的各种物质生活硬件，更重要的是父母自身的言行举止对孩子造成的直观影响。

在家庭生活中，如果父母许诺了孩子，就应该履行自己的诺言，满足孩子的愿望。因为当父母给予孩子许诺之后，孩子就会充满期待，十分愉悦，可是如果这份期待落空，就会极大地刺激孩子的心理，引导孩子不守信用、不负责任，使孩子错误地认为对人、对事可以信口胡说，没有原则。同时，孩子还会在无形中降低对父母的信任度，久而久之就会使孩子缺乏安全感。

有一天早上，许诺要去上班，儿子缠着她哭哭啼啼不让走。于是，许诺对着儿子做起了"思想工作"。她说："妈妈不上班是要犯错误的。"儿子说："我不管。"许诺又说："老师说小朋友要听老师的话才是好孩子，小孩子要听妈妈的话才是乖宝宝，听话好不好？"儿子说："不好。"许诺想到这一段时间儿子比较喜欢画画，就信口说："妈妈上班可以赚钱，赚了钱给你买彩色画笔好不好？"儿子说："好。"然后儿子痛快地和妈妈挥手"拜拜"，终于放行了。

可是，许诺根本没把这件事放在心上，转过头就忘得一干二净了。晚上回到家，儿子伸手向妈妈要礼物（画笔）的时候，许诺却一时想不起来自己答应儿子什么事了，在儿子不耐烦的提醒下，许诺才想起了早上答应儿子的事儿。可是，儿子又撅起了小嘴，对妈妈充满了失望和埋怨。

"言必信，行必果"，应该是父母给予孩子承诺的原则和信条，如果父母做不到这一点就不要轻易许诺，不要盲目地应付和欺骗孩子，因为这种欺骗与搪塞最终会映射到孩子的身上，使孩子成为一个不守信用、不讲原则、没有是非的人。

点 迷
指 津

适当合理的许诺是必要而且是必须的，但是在与孩子相处的过程中，如何许诺、怎样许诺、许诺什么则是一个值得思考的问题。善于许诺的父母能在悄无声息中促进孩子的成长，引导孩子的发展；不善于许诺的父母不仅无法兑现自己的许诺，而且还会给孩子带来极大的伤害。

1. 避免盲目性，要有意识地许诺

许诺不一定是物质的奖励，许诺要有一定的针对性。许诺的时候一定要针对孩子的要求有意识地引导孩子的兴趣，发展孩子的爱好，增长孩子的见闻。比如，答应带孩子郊游、去公园游玩等。总之，对孩子的许诺一定要避免盲目性，避免应付和欺骗，只有在许诺的时候注重鼓励性、激发性，才能一举两得，使孩子在许诺中产生一种向上的动力，促进孩子的成长。

2. 言出必行，把握许诺的度

许诺最重要的就是言出必行，不开空头支票。同时许诺的时候也不要夸大其词，即使你胸有成竹也一定要把握许诺的度。凡事过犹不及，一旦话说过了头又达不到兑现的程度，就会失信于孩子。

3. 不能兑现时要给孩子讲清楚

父母要严肃对待自己给予孩子的承诺。由于某种原因，父母的许诺不能兑现的时候千万不能哄骗孩子，认为无关紧要。"人无信不立"，父母会在孩子身上看见你自己的影子。所以，不能兑现自己的承诺时一定要向孩子说明原因，请求孩子的谅解。千万不要无视孩子的感受，许诺之后不了了之。

用文明的语言导引孩子的成长

孩子与父母在一起生活，他就拥有与父母相似的面貌以及相同的品德。父母在孩子面前说的话，都会无形中在孩子的心里留下或浅或深的印象，最后再反馈给父母和他人。

礼貌是衡量一个社会、一个民族的文化层次和文明程度高低的标准之一。懂得礼貌、讲究文明是一个人有修养、有素质、有风度的体现。然而，让人感到忧虑和担心的是，现在的很多孩子小小年纪就满口脏话、信口乱说，没有素养。

"心是花园，思想为种，既可繁花似锦，也能杂草丛生。"孩子思想、语言的田园中杂草丛生，其实正是父母思想、语言问题的写照。孩子的思想就像是一片未经开垦的处女地，没有尘杂也没有污秽，没有善良也没有邪恶。可是经过父母的耕耘，经过社会性的熏染，孩子拥有了善恶，拥有了真正的思想。在孩子的世界里，父母是他们来到世界的第一个最熟悉的陌生人。父母的言语直接影响着孩子的语言方式和语言习惯。父母呈现出怎样的姿态，孩子就会相械地模仿、学习。

斯坦福大学心理学和教育学教授罗伯特·赫斯博士认为，父母的语言环境将直接影响甚至左右孩子的思维能力和语言习惯。

比如，当母亲正打电话时，孩子在旁边吵闹，不同的母亲会怎样反应呢？第一个母亲可能会粗暴地对孩子大喊："别吵啦！"而第二个母亲则可能会这样对孩子说："我现在正在打电话，请安静几分钟。"虽然只是细微之处的一点差别，可结果却大不相同。第一个母亲的孩子会在母亲的粗鲁中感受到恐惧和呵斥，从而在心理上造成一种对粗鲁语言的敬畏和膜拜，长此以往这类孩子就会成长为一个粗鲁而缺乏礼貌的人；而第二个母亲的孩子在母亲的柔声细语中体会到爱的温暖与尊重，在他的心理也会产生一种彬彬有礼的语言模式，慢慢地这类孩子就会成长为一个温文尔雅，有礼貌、讲文明的人。因为在他幼小的心灵里就已经模糊地产生了一种礼貌而合乎文明的原则：在他人打电话时必须保持安静，必须与他人合作。所以，父母的好的言语模式或者说是说话风格是孩子养成好的语言习惯的重要牵引力。如果父母说话不顾及对孩子的影响以及接受力，每天脏话一箩筐，在孩子面前说一些污言秽语，孩子是不可能说出文明、礼貌的话的，更别说让孩子说出如诗一样美丽动人的语言了。所以让孩子讲文明、懂礼貌，父母首先就要注意文明用语，因为孩子总是首先依照父母的样子来模仿的。

媛媛从排球训练场回到家里，情绪很不好，妈妈问她发生了什么事。媛媛解释说："教练找了一个女孩子参加代表队把我替下去了。"妈妈听了十分气愤，所以妈妈就陪着媛媛上门找代表队的教练去询问这件事的情况，希望可以再争取过来，可是结果却遭到了拒绝。在回家的路上，妈妈情绪非常激动，边走边骂教练，满口脏话。媛媛跟在一旁，浑身都不自在。渐渐地，媛媛长大了，但是她却成了一个尖酸刻薄、满嘴污言秽语的女孩。

孩子有时并不理解礼貌的准确含义，所以孩子就把父母的言行作为参考的标准。父母如果不善于控制自己的情绪，经常表现得暴躁、刻薄、言语粗鲁、爱挑衅，那么孩子就会在无形中受到影响，使孩子也成为一个没有礼貌、不讲文明的人。

西周时期，在以"礼乐文明"为内涵的文化中，十分注重对"德"的培养与引导。其中，周朝三位开国先君的夫人——太姜、太任、太姒，在怀孕的时候就开始修检自己的言行。据说，太任怀孕的时候，眼不看邪曲不正的场景，耳不听淫逸无礼的声音，口不讲傲慢自大的言语。睡从不歪着身子睡，坐也不偏斜着坐，站不曾跛着脚站。不吃气味不正的食物，不吃切割不正的食物，不坐摆放不正的席子。所以，文王生下来就非常聪慧有礼，圣德卓著。后来文王能够成为圣德的贤君，奠定周朝800年不衰的基业，在很大程度上都是母亲太任给予端良教育的结果。

可见，父母的言行是孩子有礼貌、成大事的牵引力。孩子一旦养成文明礼貌的习惯，就会拥有健康向上的心理，积极去追求美好的东西。同时，一个文明礼貌的人会有一个正直、谦虚的胸襟，会因此拥有迷人的魅力，会因此得到朋友的尊重和喜爱，因为礼貌是全人类的共同语言。

指点迷津

学会文明礼貌是一个潜移默化的过程，不是一蹴而就的。父母平时的一言一行都决定着孩子是否有礼貌。有些知识要等孩子长大成人之后才能学会，然而，若不在幼年时代形成文明礼貌，以后就很难形成了。

1. 检修自己的言行，树立良好的模范带头作用

父母对孩子的礼貌教育是无时无刻不在进行着的，从孩子懂事起、从孩子还不会说话时，礼貌教育就渗透在每一天的日常生活中，并不断得到强化和巩固。

让礼貌成为习惯是一种相互尊重和谦虚的作风，需要经过长期逐渐培养才能形成。作为父母，首先就要检修自己的言行，注重自己的措辞，在日常的细节中为孩子树立一个良好的榜样。一般孩子都喜欢模仿而且缺乏是非观。他们往往从电视、电影中或从父母、同辈中学来很多脏话和一些不健康的顺口溜等。因此，家长要意识到自身的不足和问题的严重性，时刻注意自己的言行举止，严格要求自己，净化孩子生活的语言环境；父母还可以根据自身多年的生活经验和良好的行为和影响，用实际行动教孩子如何懂得礼貌，如何说文明语言，随时纠正孩子的污言秽语。在这一过程中，家长和孩子可以互相监督，引导孩子选择健康的影视节目，玩文明游戏，或者通过电视的一些情节，小的社团活动或生日晚会，帮助孩子培养文明的行为，学会一些礼貌的做法。

2. 冷静应对，避免用恶言威吓孩子

当孩子口出脏话时，家长不必反应过度。冷静地对待才是最佳的处理方式，而过度的反应对于尚不能了解脏话的孩子来讲，只会刺激他重

复脏话的行为，因为孩子会认为说脏话可以引起父母更多的注意。所以冷静应对才是最重要的处理方式。家长不妨先询问孩子：是否真的懂得这些脏话的意义？你真正想表达的又是什么？同时家长要避免用恶言威吓，而应让孩子知道，父母很愿意和他讨论说话，包括脏话和好话。

3. 耐心解释，让孩子明白其中的危害。

只要能耐心向孩子说明，孩子是能理解的。耐心地解释与说明，是让孩子明白脏话坏处的好方法。可以将适当的说法和伤害性的用语并陈，让孩子思索。家长在沟通过程中，要尽量让孩子理解：粗俗不雅的语言为何不被大家接受？它们传达着什么样侮辱的意味？要让孩子体会，听者接收到这样的语言时，是如何地感受到不被尊重。

4. 积极引导，让孩子养成文明的习惯。

父母还要悉心引导孩子，教孩子换个说法试试看;彼此定下规则，随时提醒孩子，告诉孩子如果能克制自己不说脏话，才是好孩子的行为。父母是孩子的第一任老师。孩子的模仿力极强，好奇心重，父母的一言一行都会成为孩子模仿的榜样。如果父母说话不够注意，经常当孩子的面说脏话、骂人，尽管他们无意教孩子说脏话，但经常这样做，孩子也就学会了。刚开始孩子只是一味地模仿，久而久之形成习惯，即使日后知道说脏话是不文明的行为，想改也不容易了。

父母的举止决定孩子的走向

"蓬生麻中，不扶而直；白沙在涅，与之俱黑。"孩子的成长更是如此，学好还是学坏，向善还是向恶，很大程度上取决于环境的影响，尤其是父母所营造的家庭环境的影响。

家庭教育，说到底就是一个环境的教育，是靠优良的环境条件对孩子进行熏陶，耳濡目染，而不同于社会教育的知识性和专业性。这就是家庭教育和学校教育之间很大的一个区别。但是家庭教育的作用不容小觑，家庭教育能帮助孩子形成最初的事物认知与观念感知印象，这个印象就是今后接受正式教育的基础。可见，不管外界环境如何变幻，对孩子影响最大的因素还是家庭教育，也就是父母在日常生活中与孩子的互动。如果父母不重视这一点，就很可能影响甚至左右孩子对于一些事物的基本价值观和是非判断。

有时同处在一个环境下，有的孩子能够健康地成长为一个完善而成熟的人，可有的孩子却误入歧途，一直生活在社会的底层。一个重要的原因就是孩子所处的家庭环境不一样，也就是接受到的父母的影响不一样。

在各大媒体和报纸上，我们常常会看到这样事情：长大了的孩子离家出走、沉迷网吧、偷盗抢劫、杀人强奸、厌学辍学、家庭暴力等。根据一项调查发现，这些做出恶劣行为的孩子在很大程度上是受了父母行为、观念的影响。因为孩子有模仿的天性，家庭成员尤其是父母，就成了他们最早模仿的对象，而且父母在孩子心目中越是重要、权威性越强，孩子模仿得越起劲。孩子长期受到父母打骂，就会模仿父母的惩罚性行为，学会粗暴、打斗、残酷，并在社会上按照父母的这种示范来攻击他人。

晓晓的爸妈又吵架了。爸爸爱喝酒，喝多了酒骂人，有时候还打人。这两年单位效益不好，工资都发不出来，所以他的心情更糟糕。而妈妈的单位情况要好点，说起话来自然厉害，句句都戳到爸爸的短处。爸爸就更加生气，更加拼命喝酒，甚至动手打妈妈。妈妈也不示弱，一仗打下来两败俱伤。晓晓心里很害怕，想拉架又不知道该怎么拉，反而挨了爸爸一个耳光。

后来，晓晓碰到这种场面就躲到外面去，任父母大吵大闹。再后来，晓晓就讨厌待在家里，看到父母就感到特烦。有一次，晓晓离家出走了，在社会上流浪了三个月才被送回爸妈身边。爸妈见到晓晓后悔不已，说他们再也不吵架了。

可见，父母的举止对孩子的影响是多么巨大。如果在自己的家里，孩子感受不到身心的自由和精神的愉悦，感受不到幸福的温暖和甜蜜的笑容，对一个孩子来说，那简直就是一种痛苦的折磨，是一种压抑和沉闷的窒息。所以，作为父母，如果不注意自己的行为举止，率性而为，势必会给孩子造成极大的危害。

指点迷津

古人言："近朱者赤，近墨者黑。"就是说环境对人成长的影响是很关键的。尤其是父母，对于孩子的影响可以说是决定性的。因为，父母的一言一行，无论是美丑善恶、高尚卑俗，都会深深地在孩子的脑海里扎根，直接影响孩子身心的发育和成长。要想孩子身心健康、成龙成凤，父母就要善于自我约束，就要多多加强自身的修养，为孩子营造一个道德高尚、完美和谐、文明健康的成长环境。

1. 家庭要有和睦的气氛。

良好的家庭气氛应该是这样的：家庭成员彼此充满温情和爱意，彼此相互尊重、理解和信任，家庭关系亲切和谐，生活美满温馨，父母通情达理，子女活泼可爱，长辈民主而不专制，晚辈自由而不放纵。

和睦的家庭气氛是一个家庭成立的根本，是一个孩子健康成长的关键。父母与儿女之间如果缺乏家庭的温暖互动，那么孩子必将成为最终的受害者，孩子必定要为这种不和睦的家庭关系埋单。因为，任何父母在孩子面前吵嘴打架，都足以让孩子胆战心惊，恶梦重重。同时也会在孩子今后的人生道路上留下难以磨灭的恶劣印象。

2. 父母要有高尚的情操。

孩子时刻都在模仿着父母，父母的一举一动他们都会印在心里。因此，父母一定要注重自身的修养，提升自己的情操，用高洁的品行去引导孩子的成长。

3. 父母要有良好的习惯。

父母良好的生活行为习惯，直接影响着孩子今后的成长和发展。如果父母对自己的恶习不加节制和约束，在孩子面前露尽丑态，就会在不知不觉中使孩子在心理上受到污染，给孩子今后的人生带来极其恶劣的影响。

4. 父母要有向上的精神。

父母发点牢骚，有点不满是正常的，但在孩子面前应当节制，少说泄气的话。在孩子的眼里，父母就是他人生精神的支柱和依靠，如果父母在孩子面前满腹牢骚、没有信心、不求进取，势必会使孩子也沾染上这种恶习。

父母教育角色的定位成就孩子的未来

孩子的教育不是父母某个人的事，也不是父母某个人单独处理的事。孩子的教育需要父母双方达成共识，需要步调一致以产生互补效应。只有这样，才能使孩子成为一个健全、完整的人。

孩子的教育是一个完整的体系，父母双方需要一起来完成。首先要明确的一点就是，要定位好父母在孩子教育中的角色。如果父母在教育孩子的问题上不能达成一致，或是不能相互配合，势必会在孩子教育的过程中相互掣肘，就不能有效地发挥父母在孩子教育过程中的引导作用。

那么，在教育孩子的过程中，父亲和母亲应该扮演什么角色呢？

父母在孩子的教育过程中应该是相互的、互补的。尽管父母在子女教育中存在很多的共同特征或是重合点，但是在孩子教育的过程中，父母双方的教育都是缺一不可的。只有父母双方在孩子的教育问题上共同参与，达成一致，互补合作，才能够给予孩子最好、最完整的教育。也就是说，在父亲与母亲角色分工上，最好还是"混搭"着来演绎最好。形象地说就是父中有母，母中有父，谁也不要想着替代谁。这种家庭教育模式下培养出来的孩子才能成为一个健全的孩子，才能在现代社会中生存发展。

文文是一个聪明好动的孩子，父母都是教研人员。他们对文文有着很高的期望，但教育方法却不尽相同。爸爸提倡启发式教育，而妈妈则偏重于打骂。爸爸对妈妈的方法不否认但也不认同，有时看不下去就说几句。

一天文文匆匆地跑到爸爸身边，叫喊着："爸爸、爸爸，妈妈要打我，快帮忙!""为什么?""说我的作业潦草。""不用怕，让爸爸和你妈妈谈谈。有我在，她不敢把你怎么样的。"文文听了爸爸的话，很得意地跑掉了。

其实爸爸妈妈对她的管教方法，文文早已经感觉了出来。爸爸总是能够及时地为文文解除自己面临的来自妈妈的打骂。而且，慢慢的，文文的胆子也越来越大，总是仗着爸爸的宽容，肆无忌惮，问题一出现就拿爸爸作自己的挡箭牌，逃脱妈妈的惩罚。

人们常用"父严母慈"来称道父母对孩子良好的教育方式，可是这种教育方式的前提就是要父母双方能够很好地搭配和组合，保持步调一致。如果父母双方在教育方法上没有达成共识，各行其是，势必会造成孩子教育的漏洞，更不用说引导孩子的良性发展了。此外，父母双方没有协同、没有共识的教育方式还会带来许多问题。

1. 让孩子学会钻空子

谁能答应孩子的要求他就去磨谁，并且把父母分成谁好谁坏。一些孩子就是在这种搭配组合中钻空子，出了事只告诉护着的一方，使家长在教育时采取迁就的态度。长此以往，孩子在家里找到了保护伞，以致家庭教育失去了约束力。

2. 让孩子无所适从

如果父母教育孩子时出现矛盾，母亲这样说，父亲那样说，孩子就无所适从。孩子分不清谁是对的，不知道应该听谁的，干脆谁的也不听，也就用无所谓的态度对待自己做的错事。

3. 影响孩子心理健康

态度不一致还会影响孩子的心理健康。调查表明：在有心理问题的儿童中，父母教育态度不一致所造成的比例为 17.3%，显著高于正常儿童家长所采取教育方式的比例 9.24%。所以父母要在子女教育中扮演好角色，并不是说两者的角色不能一样。相反，父母也好，爷爷奶奶也好，教育态度必须步调一致，互相合作，否则就是无效的。

4. 影响父母的威信

父母对孩子的态度不一致，也会影响到父母在孩子心目中的威信。父母一定要注意维护彼此的威信，绝不能为了提高自己的威信而故意贬低另一方。即使是一方对孩子的要求不合理，也不能自己单方面出面更正，而是应该与对方交换意见，由对方自己出面更正。这样，既有利于孩子成长，也有利于维护父母的威信。

点 迷
指 津

家庭是孩子最初接触到的环境，父母是孩子最初接触到也是最亲近的人，各种最简单的、最原始的观念、认识乃至基本技能也都是在父母的引导下产生和发展的。正如著名教育家马卡连柯所言："家庭是孩子最重要的地方，在家庭里，孩子初次向社会生活迈进。"所以在对孩子的教育问题上，父母双方应该尽量配合，多多沟通，达成共识，减少分歧。只有这样，才能把父母的教育发挥到最佳水平。

1. 父母要针对孩子的问题，互相进行及时和必要的交流。

在孩子教育的过程中，父母一定要及时地就孩子的问题进行一些交流和沟通，及时地交换在孩子教育中出现的问题以及需要配合的地方。

2. 观点一致，态度互补。

有的父母在教育孩子时，往往是观点一致，态度一致，爱时同爱，骂时同骂，还以为这就是密切配合。比如孩子拿了同学的一块手表，有些父母观点一致：这是错误的，必须立即退还、去道歉，于是对孩子一齐骂一齐打，就像共同对待敌人一样。

其实，这种教育方法是很不恰当的，易使孩子感到生活的冷酷无情，感到失望，产生逆反心理。真正的密切配合应该是：观点一致，态度不一致。所谓态度不一致，就是在观点一致的前提下，采取不同的态度。比如，同样是孩子拿了同学的一块手表，父亲给予严厉的批评，甚至采取必要的惩罚措施，母亲则须在肯定父亲做法的前提下，用比较温和的态度分析孩子的过错，分析父亲之所以这样做的理由。这样，既能让孩子感到父母的威严，又能使孩子感受到家庭的温暖，同时也能让孩子认识到自己的过错。

3. 有所侧重，相互补充。

如今这样的家庭比较多：父母的一方对孩子非常严厉，甚至到了严酷的程度；而另一方呢，也许为了给孩子以补偿，则非常宠爱。有的父母认为这宽严分明就是密切配合。其实，这也是一种不恰当的教育方法。

过于严厉和宠爱本身就是失当的。如果父母中的一方始终是严厉过度，而另一方始终是宠爱有加；或者一方老是打骂，另一方总是袒护，长此以往，不但会直接影响孩子与父母的感情，产生亲疏之别，也会使孩子学会用明一套暗一套的两面派手法来对付父母。

在对孩子爱与严的问题上，父母双方各自可以有所侧重，但不能冷热不变，不能一个一严到底，一个一宠到底。真正的密切配合应该是：一方严些冷些，另一方宽些热些，但偏严偏冷的一方，有时也有宽容和温和的热表现，偏爱偏热的一方，有时也有冷峻与严厉的冷处理。这样，孩子才能从父母各自的身上得到温暖和教益，也只有这样，父母在孩子面前才是完整的，才能树立威信。

4. 全面了解孩子的情况，积极地配合教育。

有的父母认为：你管孩子的学习，我管孩子的生活，这就是密切配合；有的父母则认为，大家一道管教容易出现矛盾，还不如一个人管好。要么轮流管教，幼儿时由母亲管，读书后由父亲管。这种教育方法，看起来也似配合，其实不然。

它的弊端在于不能全面了解孩子。孩子的表现往往是互相联系着的，学习与生活不可能截然分开，如果做父亲的只了解学习的一面而不了解生活的一面，很可能因不明真相而产生误教误导。反之，做母亲的也一样。

有的由于客观原因，比如夫妻分居两地，孩子只能由一方抚养和管教，但这也不是说另一方就可以放手不管了。应该说，管教孩子是父母的共同责任，不管情况如何特殊，都应该发挥自己独特的作用，积极配合。管教孩子的方式多种多样，即使孩子不在身边，也可以用写信或打电话的方式；也不管你工作多忙，教育孩子不能忘，因为对一个家庭来说，教育孩子是头等大事。

总之，父母在孩子的教育中一定要扮演好自己的角色，相互配合。只有这样，孩子才能够健康茁壮地成长。

恰当地对孩子进行称赞

孩子的成长就是一个自我意识觉醒和成熟的过程，在这个过程中，父母要及时给予孩子肯定和称赞，这样能够促进孩子的自我感知，建立良好的自我感觉。但是，凡事过犹不及，如果父母的称赞没有把握好分寸，就很可能造成孩子的畸形发展。

孩子成长的过程，就是一个探索和不断接触陌生以及形成自我感知的过程，在这个过程中，孩子极需要来自外界的肯定和认同，特别是与自己最亲最近的父母。因此，父母对孩子的肯定和称赞是非常必要的。

"数子十过，不如赞子一长"。众所周知，在家庭中，父母如果经常数落或责备孩子，就会使孩子丧失兴趣、性格沉郁、缺乏创造力。而父母经常对孩子的正确言行给予及时的赞赏，则可以有助于在家庭中营造一种适合孩子宽松、快乐、文明、向上成长的和谐氛围，更有助于激发孩子的创造力，增强信心。同时，也使孩子在被赞赏中感受到人格的尊重。但是，很多父母在赞赏孩子时，却常常赞之不当、赏之不妥，结果一番好心却没有收到预期的效果。

父母效能系统培训的创始人之一戴克斯曾说过："孩子需要鼓励，如同植物需要水一般。"鼓励是帮助孩子建立自尊和自我价值，给予孩子能力肯定的一种历程。为人父母者借由这种历程，一方面增进良好的亲子关系，一方面激发孩子的自信心和潜能。

同时，对孩子来说，父母的称赞更像是阳光对小草，溪水对鱼儿一样重要。表扬可以使孩子产生信心，从而激励他们上进。然而，我们中国的父母总希望孩子成才，"望子成龙""望女成凤"的愿望，使得父母总希望孩子成为完美无缺的人，因此千方百计地在孩子身上找所谓的缺点、毛病，以此来发现孩子的不足，进行弥补。许多父母还认为，孩子的优点不说不要紧，缺点不说就不得了，甚至是拿自己孩子的不足与别的孩子的长处优点相比。这种方式虽然出发点是好的，但这恰恰不利于孩子的健康成长。作为父母，应该把表扬夸奖提升为一种观念，对孩子的教育更应该是一种赏识教育。

但是，不恰当地表扬会妨碍孩子对自己能力的客观认识，他会在赞美中高估自己的能力，长此以往会形成一种自我认识上的定式思维。真正的考验来临的时候，这样的孩子会比别的孩子更无所适从。同时，长期生活在赞美的环境里，孩子会非常看重来自外界的承认，而忽略了自己的努力，孩子的耐性、宽容程度以及应对挑战和竞争的能力也会大大降低。

有位中国专家到一位美国朋友家里做客。这位中国专家看到美国朋友的女儿长得很可爱，出于礼貌也是发自内心，他摸摸小女孩的头，连声称赞"好漂亮的女孩儿"。中国专家本以为美国朋友会对他的赞美表示感谢。可是，那位美国朋友听了不但没有表示谢意或礼节性的谦虚，反而显得很不高兴。因为是很好的朋友，中国专家就向美国朋友打听为什么不高兴。美国朋友告诉他："你的行为至少有两点是错误的。其一，你未经我女儿允许是不应该去抚摸她的头的。在美国，孩子很小的时候，父母就会告诉他们要学会保护自己的身体，未经允许，任何人都不能抚摸孩子的身体。其二，你不应该赞美孩子漂亮。孩子长得漂亮是父母给予他的。她没有经过任何努力，是不应该得到赞美的。否则，孩子会因为赞美而使自己产生一种天生的优越感，进而失去后天努力学习、工作的意识。"

上面这个例子只是说，赞美一个人一定充分考虑对方的特点，赞美的方式也一定要恰当，否则称赞就会起到相反的效果，就会成为被赞美的人的一种成长负担。

有些孩子为了能得到别人的称赞而努力表现自己，慢慢地变得过于追逐名利，过分看重他人对自己的评价而丧失自我。同时，有些平时表现不好的孩子内心常常是沮丧的，因为他们很少得到称赞，他们感觉永远达不到别人的期望标准而慢慢地贬低自己的能力。即使他们偶尔做好某件事而得到称赞，但之后一旦表现得不理想就会被他人遗忘和忽视。因而，这些孩子的心理都是极其脆弱的，都是没有安全感的。因此，父母一定要学会善于称赞自己的孩子，善于发现孩子身上的闪光点，不管是孩子表现优秀时还是不理想时，父母都要及时适度地肯定孩子的表现。

指点迷津

关于表扬孩子有一个很恰当的比喻——"称赞，就像青霉素一样，绝不能随意用。因为使用强效药有一定的标准，需要谨慎小心，标准包括时间和剂量，稍不注意就可能会引起过敏反应。"因此，对于孩子的称赞，父母一定要正确对待，要保持表扬的分寸和尺度，要坚持一定的方式和方法。唯有如此，才能使称赞成为一种切实有效的手段，才能使孩子的成长沿着正确而健康的轨道一步步前进。

1. 夸具体不夸全部。

总是笼统地表扬孩子，比如"你真棒"，会让孩子无所适从。也许孩子只是端了一次饭，妈妈与其兴高采烈地表示"好孩子，你真棒"，不如告诉他"谢谢你帮妈妈端饭，妈妈很开心"。有针对性的具体表扬会让孩子更容易理解，并且知道今后应该怎么做，如何努力。

2. 夸努力不夸聪明。

"你真聪明！"是父母惯用的评语。父母对孩子的每一个进步如果都用"聪明"来定义，结果只能是让孩子觉得好成绩是与聪明画等号，一方面他会变得自负而非自信，另一方面，他们面对挑战会采取回避，因为不想出现与聪明不相符的结果。

美国的研究人员让幼儿园孩子解决了一些难题，然后，对一半的孩子说："答对了8道题，你们很聪明。"对另一半说："答对8道题，你们很努力。"接着给他们两种任务选择：一种是可能出一些差错，但最终能学到新东西的任务；另一种是有把握能够做得非常好的。结果2/3的被夸聪明的孩子选择容易完成的；被夸努力的孩子90%选择了具有挑战性的任务。

3. 夸事实不夸人格。

"好孩子"这样的话是典型的夸人格，父母会无心地将其挂在嘴边。但"好"是一个很虚无的概念，如果孩子总被扣上这样一顶大帽子，对他反而是种压力。

成年人也是，当领导不断夸奖你时，开始还会沾沾自喜，但慢慢地就会感觉到压力，甚至不想做得完美，以便得到喘息的机会。

如果父母的称赞总是言过其实，孩子也会有压力，觉得自己不配这样的赞美。他们会怎么办呢？那就是在你刚刚赞美完他的时候，他就做出让你头疼的事情，以示真诚。

4. 夸过程而非结果。

赞美孩子是一门学问，除了对结果表示满意，父母更应该对孩子在过程中付出的专心与毅力表示赞赏。假如没有这个努力的过程，也就不可能有完美的结果。另外，父母也不要单纯地直接夸奖孩子，要让更多的人了解到孩子有多么优秀。经常对亲人和朋友表示对孩子的赞美之情，就是一个非常有技巧的方式。

5. 不可与别人等同起来而相互攀比。

比如你的孩子在一次校园活动中得了一个二等奖，你夸奖他的时候如果说他再努力一下就能跟得第一的一样好了，这样的话会不仅不能让孩子觉得高兴，还会让孩子心里酸酸的，久而久之产生攀比心理。

6. 孩子应当得到赞美时，家长就应当着众人的面及时夸奖，而不能事后赞赏。

那种马后炮式的赞赏，往往起到相反的效果。孩子和成年人一样，也有被肯定和赞赏的欲望和需求。当众赞赏孩子，其实对孩子是双倍的奖赏。

正确对待孩子提出的问题

好奇是孩子的天性，也是孩子创造力的表现。一旦面临看似新奇的、神秘的、自相矛盾的事物或现象就会引发一种探究的心理。对于孩子的这种心理，父母要认真对待，对孩子提出的问题不能敷衍了事。

好奇心是人们希望自己能知道或了解更多的不满足心态，这种心态在孩子身上表现得尤为明显，孩子天生具有了解外界环境的强烈愿望，对外界环境的变化非常敏感。孩子常常会提出各种各样千奇百怪的问题，比如："妈妈，怎么有太阳还会下雨呢？""汽车尾部干吗要装灯？"等等。这些各种各样的问题，既是孩子接触外界环境的方式，也是他们了解外界环境的途径，更是他们关注外界环境的结果。

面对孩子各种各样的问题，父母作出的回应以及处理的态度和方式对孩子的成长至关重要。许多父母可能会因为心情不好，或手头正忙，或回答不了，采取不予理睬的态度或者敷衍了事，搪塞过去，更有甚者，对孩子的提问粗暴制止。这些做法其实都会无形中扑灭孩子心灵中刚刚燃起的智慧的火花，影响孩子思维、语言和性格的发展。

其实，许多天才的发明都是来源于好奇心。福特小时候就是这样的一个孩子。

福特在很小的时候，就表现出了与众不同的好奇心，尤其对机械类的装置，以至于他的父亲只要一见到福特回家，便立即把手表藏起来，因为那些华丽昂贵的怀表经常被福特拆得七零八落。福特在自己的房间里藏了7种"秘密武器"，床旁边有个小柜，里边整齐地摆放着钻孔机、锉刀、铁锤、铆钉、螺栓和螺丝帽，这些东西都是他亲自动手做的。7岁的小孩子将这些东西收集得如此整齐完备，我们可以看出这个孩子的与众不同。福特小的时候是村里公认的淘气鬼。他经常偷偷溜到底特律镇上，把脸贴在钟表店的玻璃窗上，看店里的师傅拿小钳子修理手表。他有时入了迷，以至忘了时间，天黑时才匆匆跑回家。当福特和修表师傅熟悉之后，修表师傅有时还把不能用的手表送给他，这时，福特便会在房间里整晚地分解组合，直到第二天凌晨三四点。

福特的母亲对他的好奇心非常支持，福特也非常感谢他的母亲。晚年，他在回忆录中写道："她给了我勇气，教我忍耐和自律，这是我克敌制胜的法宝。"可以说，正是母亲的鼓励和支持使福特的好奇心得以实现，使他最终发明了汽车，并创办了世界著名的福特汽车公司。

孩子在观察自然、观察生活时，会经常不断地向父母提出一些稀奇古怪的问题。这不仅是孩子对父母的亲昵和信任，而且表达了孩子希望探求人生和世界奥秘，希望得到父母的指导和帮助的愿望。父母要重视孩子的这份好奇心，父母的这份重视有可能成为孩子未来成就的巨大动力。

所以，不管父母有多忙，心情有多糟，都应该对孩子的问题给予合理而及时的回答，即使不能回答，也要和孩子一起去找答案，以保护孩子的好奇心、求知欲。如果父母只是一门心思干自己的事，听到孩子的提问就干脆回绝："你话太多了。""去去去，烦死了。"或者打发他去问别人，说："我没有时间和你啰唆。"或者说："你问这么多干什么？"这些种种的对孩子提出问题的忽视和敷衍搪塞，不仅会在无形中给孩子带来无法估计的伤害，还会挫伤孩子的积极性以及探索发现世界的灵感。

西方的著名教育家塞德尔兹对于孩子提出的问题就从不嫌麻烦，总是认认真真地回答。一天，塞德尔兹正在与哈塞先生就孩子爱提问题这个现象进行讨论时，哈塞先生说："小孩子有时真的很烦，他那张嘴整天都没有停过，唧唧喳喳不停地问这问那，我的头都快要被他吵炸了。"这时，小塞德尔兹手里拿着一本达尔文进化论的少儿读本走了进来。

"爸爸，进化论中说人是由猴子变来的，对吗？"儿子问道。

"我不知道是否完全对，但达尔文的理论是有道理的。"

"可是既然人是由猴子变的，那么为什么现在人还是人，猴子还是猴子？"儿子追问。

"你没有看见书是这样写的吗？'猴子之中的一群进化成了人类，而另一群却没有得到进化'，所以它们仍然是猴子。"塞德尔兹说道。

"这恐怕有问题。"儿子怀疑地说。

"什么问题？"塞德尔兹问道。

"既然是进化论，那么猴子都应该进化，而不光是只有一群猴子得到进化，我觉得另一群也应该进化，变成一群能够上树的人。"

这时，哈塞先生的脸上流露出不以为然的神色，他的眼光似乎在说："看你有多大的耐心。"

"那是不可能的，因为事实上是猴子当中的一部分没有得到进化。"

"为什么？"儿子仍然不放过这个问题。

于是，塞德尔兹尽自己所能讲明其中的原因。这个问题讲清楚了以后，儿子又开始了另一个问题："可是为什么要进化呢？如果人能够像猴子那样灵活不是更好吗？"

"虽然在身体和四肢上猴子比人灵活，但人的大脑比猴子的灵活。"塞德尔兹说。

"大脑灵活又有什么用呢？又不能像猴子那样可以从一棵树跳到另一棵树上。"儿子说道。

"因为文明代表着人类的进步。"塞德尔兹解释说……

　　相信许多父母都碰到过类似小塞德尔兹这样的孩子，他们的问题一个接着一个，有些问题让大人觉得幼稚和好笑，可是塞德尔兹没有像一般的家长那样对孩子的问题流露出任何烦躁的情绪，而是很有耐心地给孩子解释，他说只有这样才能培养起孩子的探索精神。

点　迷
指　　　津

　　孩子在日常生活中总是会提出各种各样令人哭笑不得的问题，面对这些问题时，父母一定要把孩子当成一个平等的对象来对待，对他们提出的问题要表现出极大的兴趣。因为只有这样，才能保护好孩子的好奇心，使孩子培养起对未知领域的探索精神。

　　具体来说，需要注意以下几个问题。

　　1. 要耐心回答孩子的问题

　　父母回答孩子问题时，要尽量蹲下或者俯下身子，眼睛和孩子的眼睛在一个平行线，不厌其烦地回答，要充满兴趣地回答，注意保护好孩子的积极性和好奇心。这样，才能促进孩子的观察力、思维能力的发展，促进了父母与孩子的交流。

　　2. 要引导孩子进行提问

　　平时，父母在和孩子交流、沟通的过程中，除了对孩子的提问表现出应有的兴趣外，还应积极创设情境和有利条件，引导孩子独立思考，多提问题。比如，在游戏时，安排一些情景，引导孩子注意那些"怪现象"，以引起他们的思考，进而提出一些诸如"它是用什么做的""如果不这样会怎样""它究竟属于哪一类"等问题。可以询问孩子："你认为哪一个方法对你最有用？"让他们自己来作决定。

　　3. 要保护孩子的好奇心

　　孩子的好奇心，有助于他们更广泛地观察、了解周围的世界。父母要有意识地将孩子的好奇心引向创造性。例如，孩子奇怪月亮为什么有时圆有时缺，天上为什么有星星，蜗牛身上为什么有一个壳等等，这些问题的提出和讨论，对孩子创造性思维的形成有很大的好处。家长应适时、合理地鼓励他们，以促进孩子好奇心的发展。孩子在年幼时，始终是活在童话世界里的，有些问题父母最好不要用成人的方式和他讲太高深的道理，可以先告诉他们一个可以接受并且相对合理的解释。

4. 要培养孩子的创造性思维

培养孩子创造性地思考问题的途径是很多的。可以给孩子购买有启发性的玩具，让孩子在实际操作中动脑动手。游戏的时候，父母应放手让孩子在无拘无束的氛围中，根据自己的兴趣和想象力去玩去乐。这有利于孩子创造性地去做游戏。父母要做"有心人"，从小就要培养孩子善于思考、勤于思考的习惯。

倾听也是一场爱的教育

倾听孩子的声音是确保与孩子有效沟通的方式，也是引导孩子健康成长的保障，如果不愿意倾听孩子的话，就会使孩子慢慢地走向心理以及人生的误区。

孩子以一颗童心来观察世界，也以一颗童心来面对和解读在成长过程中遇到的种种问题。在这个过程中，孩子难免会出现各种各样的疑惑或是一些关于外界事物的新鲜感受。他们迫切需要父母能够及时地为他们解答这些问题或者分享他们的喜怒哀乐。如果父母由于种种原因不愿意倾听孩子的话，或者对孩子的话敷衍搪塞、漫不经心，就会给孩子带来极大的伤害。

倾听也是一场爱的教育，孩子总是希望父母倾听自己的话，渴望得到理解和引导。孩子在接触形形色色的世界时，父母对孩子的话倾听能够增强孩子的安全感，能够及时地解决孩子心中的疑惑，引导孩子向积极健康的方向发展，同时也可以使孩子感受到父母无微不至的呵护和关爱。如果父母不能及时地倾听孩子的话，长此以往很可能就会导致孩子出现一些非正常的表现，比如情绪低落、大哭大闹、浮躁易怒、厌恶抑郁等。因此，父母只有及时有效地倾听孩子的声音，引导孩子正确地面对和处理问题，才能够使孩子在遇到问题时及时地排遣心中的坏情绪，使孩子在心理上及时地得到宣泄和释放。

　　一位事业型女性，在33岁时才生下女儿，但是她根本没有多少时间来照顾孩子。为了全身心地投入工作，她在女儿两岁的时候就把她送进了幼儿园全托，每周星期六才接回家一次。

　　女儿刚开始从幼儿园回来，总是有许多话要跟她讲，但是她总是那么忙，刚开始的时候耐着性子听了几次，也都是些小朋友之间的事情。慢慢地她就没有耐心听了，总觉得听女儿说话浪费了她做家务和工作的时间。所以，每次女儿和她讲话，她总是作出很忙的样子，眼睛左顾右盼，手里还不停地翻动着书报，或干着活，要不就是给人打电话。慢慢地女儿变得不再那么爱讲话了，她开始暗暗高兴女儿终于不再烦自己了。谁知道，不久后幼儿园的老师却打电话给她，说发现她女儿好像得了自闭症似的，不爱跟别人说话，别人跟她讲话她也不答理别人，完全生活在自己的天地中，要她赶快带她去看心理医生。这时候，她才后悔莫及。

　　事出必有因，孩子的每一个非正常的表现都有其内在的原因。这种非正常的表现就是孩子在宣泄精神或是身体上的创伤，就是在呼唤父母能够给予及时的关注和引导。特别是对青春期内心动荡不安的孩子来说，父母的倾听更是引导孩子健康成长的保障，是建立与孩子沟通和信任的基础。因此，只要父母在孩子成长的过程中能够及时地处理，多多倾听孩子的声音，就能够使孩子走出阴霾，重塑对于生活以及父母的信心。

点 迷
指 津

　　倾听是一种爱的教育。在家庭生活中，我们可以发现许多父母常常滔滔不绝地讲话，却很少倾听孩子说些什么，或让孩子有说出他心声的机会。渐渐的，孩子也就不会再向父母说出自己的心声了，于是造成父母不了解孩子的想法和情感，对于孩子面临的问题也不能给予准确而及时的引导，甚至还造成与孩子间的紧张和冲突。

　　那么父母在倾听孩子讲话之前需要注意一些什么细节呢？

　　1. 父母对孩子正处在苦恼时所表现出来的坏的情绪要敏感

　　很多孩子在想要父母知道他们需要什么的时候，只是悄悄地说，如果父母不注意听这不明显的信号，这种悄悄话将会听不见。父母应该试着努力去注意孩子反常的、细微的行为信号。比如，孩子衣服不正常的样子、声调、面部表情、动作、姿势等。孩子讲话时除了注意他的无言的行为之外，还要倾听他所讲的字里行间的意思，想一想孩子希望告诉我们什么，也可以提出一些问题，来弄清孩子的动机或基本情绪。凭借着细致与耐心，做到这些都不是困难的。

　　2. 父母要特别注意孩子习惯行为的消失

　　这将是了解孩子内心情感的有价值的线索，当孩子有明显的表现，如不吃、不睡、不玩或精神不如平时集中……就应该试着去推测，或者去直接感觉孩子的情绪状态。

　　3. 要对孩子感兴趣

　　如果父母对孩子以及孩子的活动表现出真实的兴趣，父母和孩子之间不但打开了通路，而且会使他们感到自己的重要位置。父母对孩子的生活表现出极大的兴趣，就会使孩子愿意同父母交流、沟通。

　　4. 聆听孩子的心声时，父母要明确孩子倾诉的目的

　　孩子向家长倾诉一般有三种情况：随便聊聊；排疑解惑；宣泄心中的郁闷。有时三种情况都有。如果孩子只是随便聊聊，那父母也就跟着

随便聊聊；孩子的动机是排疑解惑，父母就要在倾听的过程中先把情况摸清楚，然后与孩子一起探讨解决问题的办法；如果孩子的动机是为了排解心中的郁闷，父母就要先倾听孩子的倾诉，然后再给他安慰和鼓励。

有一个女孩因第一次高考失败，选择了复读。在住校复读期间，由于已经有了第一次的失败，心里压力很大。母亲为了排解女儿心中的压力，每一次到学校去看望女儿，当女儿向她诉说心中的苦闷时，她总是平心静气地倾听女儿的诉说；当女儿说到痛心处扑倒在妈妈怀中失声痛哭的时候，她就让女儿尽情地放声哭泣，等女儿平静后，她才安慰女儿，给女儿以信心和鼓励。

5. 耐心地鼓励孩子谈话

懂得尊重孩子是倾听的前提和基础。不懂得尊重孩子的父母就不会把孩子的话当成一回事，其生硬的态度也就当然无法倾听到孩子的心声，所以倾听孩子说话时，父母首先要有一颗尊重孩子的心。

此外，父母开始和孩子交谈时，需要向自己提出明确的要求。为了使孩子的谈话持续下去，要用一些鼓励的词，如"嗯"、"我懂了"，也可以提一些简单的问题进一步引导孩子。在结束谈话之前，不要打断孩子的话，让孩子完整地说出自己的想法和忧虑。

6. 准确反映孩子的情感

对父母来说，一个极为有效的聆听技巧是要使自己成为孩子感情的一面镜子，用语言帮助孩子反映他们的感受，特别是幼小的孩子，他们不会像成人那样表达自己的情感，父母可以帮助他们说出心里话，采用循循善诱的方式。

7. 帮助孩子准确表达出内心的想法

聆听，是父母帮助孩子对自己内心活动和感受的比较深入理解的过程。在聆听的过程中，父母运用经验对孩子的叙述加以解释和说明，可以帮助他们弄清楚自己所要表达的意思。在解释时，要多运用词汇，尽可能帮助孩子把自己想说的话，准确、清楚地表达出来。

8. 注意自身的行为语言

行为语言是我们向人传达信息的一种方式。许多父母不知道怎样利用自己的行为向孩子表示"我在听呢，我感兴趣，我在注意"。有几种信号可以表示对孩子的注意：正面面向孩子；与孩子紧挨着坐；身体竖直或向孩子倾斜；眼睛互相对视；用慈爱的目光注视着孩子。此外，应当避免不耐烦，多表示有兴趣。

认识你的孩子是引导孩子的前提

父母不要以为自己了解自己的孩子，孩子的成长与变化是日新月异的，只有父母真正走进孩子的世界，用孩子的眼睛看事物，才能真正认识自己的孩子，引导孩子健康发展。

很多父母认为很了解自己的孩子，因为从出生开始，就和孩子一起生活，天天接触。当然，有些父母非常有心，从孩子一出生就仔细观察孩子方方面面的成长细节以及心理的发展和变化。可是，不少父母却不是真正地了解、认识自己的孩子，他们只是看到孩子表面的东西，对孩子的心理动向、所思所想并不是十分清楚。尤其是面对青春期的孩子的变化，父母有时就变得手足无措、不知所以。

所以说，认识自己的孩子，不是一件简单的事。在孩子成长的过程中，孩子的心理和身体都渐渐地发生着变化，尤其是青春期的孩子，他们的自我意识以及自主心理都慢慢地滋生。同时他们接触到更多的东西，面对更多的诱惑，所以在心理以及行为上就会发生很大的变化。如果父母不能及时察觉或意识到这种变化，就会和孩子的距离越来越远，就会越来越不了解孩子，当然也就不能对孩子起到很好的引导作用。

"人们都说：知子莫若父，知女莫若母。从女儿一出生，我就一直在她的身边，所以女儿的每一点成长我都一清二楚。从她慢慢能冲我笑到牙牙学语，都让初为人母的我感觉有无尽的乐趣，只要我转身到另一间房子就能听到女儿急切地叫'妈妈'。那时的叫声是那么温馨，让我至今想起仍觉得甜蜜。

"自打女儿学会说话，能够和我交流的时候，我就养成了习惯，每天睡觉之前我都会问一句：'女儿，今天过得开心吗？有没有不开心的事情？最开心的又是什么呢？'因为我想让她在明天之前把今天的烦恼都说出来，抛弃那些烦恼；把快乐收集起来，装满她小小的心房。这些年来，我陪着女儿玩了许多游戏，我们母女俩总是笑得一起倒在沙发上。可是，随着女儿的青春期悄无声息地到来，原来和我那么亲密无间的她已经开始冷落、排斥我了。女儿也不再粘在我的怀抱了，更不喜欢我随便进入她的房间，她那双美丽的大眼睛里常常充满着许多难以言说的惆怅与不安。

"当女儿蹲在电视屏前看电视，恨不得把自己的脑袋都钻进去时，我告诉她离电视远一点，不然就会伤害眼睛的。说第一遍的时候，她就和没听见一样；说第二遍的时候，她漫不经心地'哼'一声；等我说第三遍的时候，她就会斜着眼睛瞪我一眼，然后'噌'的一下跑进自己的房间，进门之前留下一句：'真能磨唧！'

"女儿在小学的时候位居学校"四大美女"之首，自10岁开始就收到情书无数，以前她总是和我津津乐道地讨论着她们"四大美女"的故事。可是最近，回家后的她不再唧唧喳喳说个不停。不知哪个男孩子在我家的楼门口写了四个大大的粉笔字：'我爱李洋！'我问她那是谁，她生气地说：'你问我，我问谁？'

"面对着青春期的女儿，我不知所措，原来，我真的对女儿的了解很不够。"

以上是一位母亲的感悟。

孩子的成长和变化是十分微妙的，如果父母在孩子成长的过程中不注意孩子成长的细节，不留心孩子心理的变化，孩子就会渐渐地形成一个独立于父母之外的自己的圈子，那么父母就很难再走进孩子的世界，真正了解孩子的心理，了解孩子需要什么，缺少什么。

爱迪生 8 岁那年上学了。他不仅没有表现出特别的才能，反而常常会使老师恩格尔深感不快。有一次上算术课，老师在讲解数学题，爱迪生突然向老师发问："老师，2+2 为什么等于 4？"老师觉得爱迪生又笨又调皮，他反问道："不等于 4 难道等于 5？"爱迪生很想弄明白数字的奥秘，他想了又想，忍不住又问老师："2+2 为什么不可以等于 5 呢？"老师恩格尔大为恼火，他厉声训斥道："爱迪生，你故意搞乱，给我滚出去！"爱迪生遭到责骂，委屈地奔出教室。

爱迪生回家后告诉妈妈："妈妈，我想要知道加法的道理，可老师却骂我。"妈妈听了儿子的叙述很是生气，他找到学校："恩格尔先生，你作为一个教师太不了解孩子的心理了。"恩格尔说："我只管教书，不管什么孩子的心理"。爱迪生母亲说："你这样教孩子，孩子怎么学得会？"一会儿，这位老师带着爱迪生到一位有名的医生那里，请他检查一下爱迪生的头脑，因为爱迪生的脑袋是扁的。这位医生检查后说："里面的脑子坏了。"恩格尔告诉爱迪生母亲："你的孩子又笨又调皮，不管我怎么教他都学不会。我不愿意教这样的学生。"

结果，爱迪生离开了这所学校，由妈妈教他读书。爱迪生母亲曾经当过小学老师，她十分了解爱迪生的心理。他给儿子讲文学、历史，讲许许多多科学知识。当同龄的孩子还在读童话的时候，爱迪生已开始阅读《英国史》、《大英百科全书》等大部头著作。在母亲的辛勤栽培下，爱迪生的求知欲越来越强。他一边读书，一边在地窖里建起了一个小实验室。虽然家境贫寒，他没能像其他孩子一样接受系统的正规教育。爱迪生 12 岁那年到火车上当了一名报童，但母亲已在他幼小的心田里播下了科学的种子。经过长期的刻苦钻研，他终于成为最著名的大发明家。他一生为人类贡献了 1 000 多项发明。

了解孩子的心理，并积极地引导孩子心理的发展是孩子成长、成熟的关键，更是父母义不容辞的责任和义务。正是由于爱迪生的妈妈真正地了解爱迪生的心理，才一步步引导爱迪生的发展，奠定了爱迪生腾飞的基础。

此外，孩子的成长、发展是一种不稳定的上升，即使父母天天和孩子生活在一起，如果不考虑孩子成长的特点，不注重对孩子细节的体察和关注，就很难时时与孩子保持良好的心理距离，毕竟孩子的思想与心智都还处在一个渐趋成熟而十分稚嫩的状态。此外，时代社会的大环境也造成了孩子看待问题、解决问题的角度和思路与父母的差异。所以，想要做好孩子人生路上的向导，首先要做的就是要真正地了解孩子、认识孩子。只有了解孩子的心理动向，明白孩子的需求和行为，才能有的放矢，为孩子指点迷津。

著名教育学专家孙云晓曾说过："教育孩子的前提是了解孩子，这是教育最基本的原则，不了解孩子就没有办法教育孩子。"所以，要想教育好孩子，父母就必须先了解自己的孩子、认识自己的孩子。

指点迷津

世界上没有完全相同的两片叶子，每个孩子在成长的过程中会出现各种各样的问题，但是只要父母用积极、科学的方法及时地引导孩子，走进孩子的世界，就会使孩子健康地发展。

1. 多多关注孩子成长的细节

孩子成长变化的细节是认识孩子的关键。作为父母，要想了解自己的孩子、认识孩子的心理成长和发展，就要时时关注孩子成长的细节。尤其是处在青春期的孩子，更要多加关注，细心引导。

2. 父母要了解孩子，就要真正地走进孩子的世界

许多父母在遇到孩子叛逆的时候，大都会摇头大吐苦水：孩子到底在想些什么？他们的心事为什么都不肯告诉我？这时候，父母要想打开孩子的心门，就要真正走进孩子的世界。譬如，父母可以在空闲的时候多陪孩子聊聊天，了解孩子眼中的是非对错；多听孩子说话，鼓励他们，再告诉他们道理，而不要过多地责难他们、呵斥他们；要尊重孩子的决定，并且支持他们的选择，使他们知道父母的关心和理解。

3. 父母要注意提高自身的素质，找到与孩子交流的共同语言

父母要想了解孩子、认识孩子，就要提高自己的认知水平，随时关注孩子的动态；要多抽出时间和孩子在一起玩，一起看电视，一起谈论他们感兴趣的话题等，只有做到真正地了解孩子，才能更好地教育孩子。

以一颗平等、真诚的心来对待孩子

以一颗平等真诚的心面对孩子，孩子才会敞开心扉，真正成为父母的朋友，父母也才能够从容自然地对孩子进行引导，使孩子成长为一个健全而成熟的人。

随着孩子的成长，孩子的自我意识和独立精神开始一点一点地萌生。如果父母总是以一副高高在上的姿态与孩子交往的话，孩子体会到的就只是压抑和拘束，孩子的个性也会一点一滴地被磨掉。同时，父母的家长式管理也会在无形中疏远父母与孩子之间的距离，甚至使父母与孩子成为最熟悉的陌生人。

因此，在家庭教育中，父母要善于营造民主、宽松、和谐的家庭氛围，要用一颗平等、尊重的心去面对孩子、信任孩子。不要总是以为孩子还小，什么都不懂，因此任何事情都凭自己的主观判断来决定。父母只有站在与孩子平等的立场上，才能够了解孩子的思想，只有摒除"一言堂"的观念，才能真正地与孩子交心，引导孩子健康成长。

高一期末考试，李伟的成绩很不理想，在班里倒数第二名，这让父母大吃一惊。而当天的班会李伟也没有参加，而是跑到外边踢球去了。

回到家，爸爸李旭忍不住抱怨儿子："没考好不要紧，关键是要认真总结，找出不足之处。你这样满不在乎，班会不参加，到外边踢球，究竟是怎么回事？"爸爸的抱怨触到了孩子的痛处，李伟哭着冲爸爸发脾

气："你以为没考好我心里好受吗？没参加班会是因为我觉得没面子，出去踢球是在调整自己。这难道有什么错吗？"

李旭马上意识到是自己误解了孩子，立即向李伟道歉，说："孩子，对不起，爸爸又犯了主观主义错误，错怪你了，请你原谅。"听到爸爸道歉的话，李伟情绪马上稳定了许多。

又一个周末，李伟夜里12点才回家。爸爸以为他上网去了，把他训了一顿，李伟没有多解释就回房休息去了。第二天爸爸发现他情绪不佳，就主动跟他说话，李伟也不管理。后来李旭了解到儿子是到同学家去了，并没有去网吧。于是他马上写了一封信，向儿子道歉：

昨天晚上爸爸又犯了主观武断的错误，没有调查就认定你又到网吧去了。爸爸的简单粗暴伤害了你的自尊心，但你照顾老爸的面子，没有和老爸正面冲突，而是默默地承受着误解，并没有过多地解释和开脱。越是这样，老爸内心越是不安。

我郑重地向你道歉：儿子，对不起！

这次确实错怪了你，但我还是想再啰唆几句：网络游戏许多是暴力游戏，玩得多了，就会自觉不自觉地沾染上暴力倾向，接受暴力行为。网络游戏倡导的理念和现实中的精神文明建设的理念是格格不入的，甚至是水火不相容的。

网络聊天更是荒唐之极，编一个假名和一个不认识的人聊天，两个人都蒙着一层面纱，在云天雾地中神侃，那是最无聊的事情。内心空虚、没有精神追求的人在网上聊天是一种暂时的解脱，有理想、有追求的人是不会迷恋网吧的。

你能凭自己的力量从网络中解脱出来，说明你的意志是坚强的，毅力是超常的。爸爸打心眼里佩服你，并感到十分欣慰。爸爸相信一个真理：意志坚强的人是无坚不摧、无所不能的！

儿子接到信后，也立刻回了一封信：

虽然我这次没有去网吧，但以前曾迷恋过网吧。老爸及时提醒不但不是多余，而且等于及时给我注射了免疫针。

其实，我也是很爱爸爸妈妈的，也是非常体谅爸妈的。你们那么辛苦，为我付出那么多，对我无微不至地关怀，当然是为我好，对我负责任，是真心爱我。我难道连好坏也分不清了？

我一定不辜负爸妈的期望。但有时玩心重，自控力差，还需要爸妈及时提醒，及时点拨。

请爸妈放心，儿子已经长大了，会对自己负责任的……

父母不是圣人，难免会犯些主观主义的错误，在现实生活中误解孩子甚至伤害孩子也是在所难免的。但最重要的是，发觉自己错了，就要勇敢地承认错误，给孩子树立良好的榜样。只有真诚地对待孩子，才能平等地和孩子沟通交流。俗话说，"多年父子成兄弟"，如果父母和孩子建立了良好的平等关系，父母就能很好地对孩子进行引导和规范。

指点迷津

父母要尊重孩子，平等对待孩子，真正和孩子交朋友，才能实现与孩子的有效沟通和交流。只有设身处地地站在孩子的立场上来观察问题和思考问题，才不会造成孩子与父母的误解，才能有效地引导孩子的成长，不使孩子产生抵触情绪。

有关教育专家说："中国的家庭教育，孩子的事情好办，家长的事情难办，问题的焦点在家长身上。"家庭教育难，就难在父母无法以一颗平等的心来对待孩子，来解决与孩子之间的问题。只要父母能够以平等的姿态与孩子生活，很多问题都会迎刃而解。

父母要想以一颗平等的心来对待孩子，就要对自己加以改变，就要在与孩子交往中摒弃一些固有的观念和行为。

1. 制定自我改变"条约"

给自己制定一个改变契约，要求自身用一颗平等的心来对待孩子、尊重孩子。遇到问题，杜绝自己的主观情绪，经理智地分析后和孩子平等地交流和沟通。

2. 与孩子交谈时，要注意说话的声调

与孩子站在平等的立场上，父母与孩子交谈时就要注意自己说话的语调，谈话时要沉稳友善，不要用命令的口吻或指责的语气。

3. 注重对自己肢体行为的约束

脸部表情、身体姿势或手势都能表现出父母的情绪和态度，所以父母与孩子交流时不仅在语言上要注意，在一些肢体行为上也要多加注意。比如，交谈时要面带微笑，不指手画脚等。

正确保护孩子的隐私

每个人都有不想为他人所知的秘密，孩子也不例外。不管孩子的思想是否成熟，他们都享有拥有隐私的权利。父母不能用爱的名义去窥探孩子的隐私，那样的爱对孩子无疑是一种伤害。

隐私是一个自然人本有的权利，从人类抓起树叶遮羞时就已经产生了。不管是大人还是小孩，都有属于自己的隐私，同时这份隐私都享有不受他人侵犯的权利。此外，隐私也是一个自然人接触社会、进入社会的必然，是一种本能的反应。因此，作为父母，一定要正确认识孩子的隐私，不要以为孩子在父母面前没必要也不应该有什么隐私。

其实，我国的《未成年人保护法》早就明确规定："任何组织和个人不得披露未成年人个人隐私。对未成年人的信件、日记、电子邮件，任何组织或者个人不得隐匿、毁弃；除因追查犯罪的需要，由公安机关或者人民检察院依法进行检查，或者对无行为能力的未成年人的信件、日记、电子邮件由其父母或者其他监护人代为开拆、查阅外，任何组织或者个人不得开拆、查阅。"

所以，父母也不能随意查看孩子的日记或信件，侵犯孩子的隐私。

可是，在现实生活中，还会有很多父母随意侵犯孩子的隐私。究其原因，无外乎两个。第一，父母认为孩子在父母面前没有什么隐私，也没有什么不能让父母知道的；第二，父母对孩子不放心，缺乏信任，总是担心孩子交上坏朋友，染上坏习气。但是，孩子需要有自己的相对自由的时间和空间，孩子的心里话、苦闷欢乐以及理想志向需要有一个专属于自己的方式向适合自己的对象表达和倾诉。这是有利于孩子的健康成长和自我独立意识的培养的。其次，父母要相信孩子有一定的辨别是非美丑的能力，不要什么事情都要自己把关，总以为孩子的隐私中有什么见不得人的东西。只要父母与孩子在平时多沟通、多交流，多让孩子参加有益的社会实践活动和文体活动，就能有效地引导孩子形成正确的世界观、人生观、价值观，保证孩子隐私中的健康的成分。

下面，我们就听一下小雪关于父母侵犯自己隐私的心声。

小雪是某重点中学的高中女生，父亲常年在外地工作，她和母亲在一起生活。按理说，相依为命的母女俩应该感情亲密，可事实远非如此。母女俩关系不但不亲，有时还互相抱怨，常常话不投机半句多。小雪常常对要好的同学说："我看不出我妈妈怎么爱我，她除了整日在我耳边要我这样要我那样，就是我这不对那不行，我烦死了，真怀疑我还是不是她亲生的女儿。"

是什么原因使女儿对母亲产生这么深的误解呢？在心理咨询室，小雪告诉老师，她的妈妈为了让她考试能名列前茅，不让她看电视、读课外书，哪怕是同学来电话，妈妈也怕影响她的学习而不让她接听，有时竟当着她的面撒谎说："她不在家，你不要再来电话了。"她妈妈总是担心她在学习时偷着干别的事情而突然开门闯进她的屋里，直直地盯着她是否在写作业。最不能让她忍受的是，妈妈还偷偷地翻看她的日记，并就其中涉及的一些事情向同学询问，让她感到自己很没面子。

"我已经17岁了，是个大人了，该干什么不该干什么心里已经很清楚，她像看犯人一样地盯着我、不信任我，我能不烦她吗？所以，有时为了发泄心中的烦闷，我就故意同她对着干，她让我怎么样，我就偏不怎么样。"小雪情绪有些激动地这样说，但她也不得不承认，由于自己对母亲的逆反心理作怪，常常把母亲气得伤心落泪，严重影响了母女的感情，母亲现在似乎真的不再像过去那样爱她了。

可见，孩子的隐私是需要尊重和认真对待的。隐私权是公民对以个人生活秘密和以个人生活自由为内容的禁止他人干涉的人格权。对隐私权的重视是社会文明、进步的标志，懂得保护孩子的个人隐私更是父母成熟的表现。

如果父母不尊重孩子的隐私，就会给孩子带来极大的伤害，也不利于孩子的健康成长。

1. 伤害孩子的自尊心

隐私常常包含个人的缺陷（包括生理、行为等方面）、错误、失算之处，这些是孩子自尊心遭到打击的地方。如果把自尊心比喻为花瓶，隐私就是瓶上的细小裂纹，所以做父母的一定要细心保护好这个花瓶。随便侵犯孩子的隐私，无异于敲打这个有裂纹的花瓶，让孩子无地自容，使孩子的自尊心受到伤害。

2. 打击孩子的自信心

孩子希望有一定的独立性，希望自己的某一领域不受干预，这正是有自信心的表现。孩子做错了事，想偷偷改；学习落后了，想暗自追上去，这都是不丧失自信心的表现。轻易地破坏他们这种希望，侵犯他们诸如此方面的隐私，就会无意中打击了他们的自信心。

3. 麻痹孩子的羞耻心

孩子因知羞耻才把某些过失、缺陷看做隐私，随便被揭开、公布、宣扬，孩子起初会觉得难堪、痛苦，以后便会麻木了。俗话说"破罐子破摔"就是这个意思。

4. 削弱孩子的自省力

写日记是一种自我反省的方式。偷看孩子的日记，对于家长来说是不可取的。不尊重孩子的隐私，孩子就会不再重视这些自省方式，就会大大削弱自省的欲望和能力。

5. 破坏孩子的人际关系

孩子的一些隐私会涉及他的同学、朋友，比如与朋友一起偷偷出去玩并非不正当，但又有不愿被别人知道活动的内容，并约定保密。父母不问青红皂白地窥探孩子的隐私，就会使孩子招致朋友和同学的怨恨，破坏孩子与别人的友谊。

6. 削弱亲子关系

父母经常侵犯孩子的隐私，必定使孩子对父母产生反感、不信任，即使父母及时补救，也很难弥补孩子心灵上的创伤。一旦父母与孩子形成隔阂，再对孩子进行有效的教育和引导就困难了。

指点迷津

人人都不愿告诉别人自己的隐私，个人隐私应得到尊重。更何况人的心理发展是分阶段的，也是有规律可循的。在婴幼儿时期，孩子一切依赖父母；在少年时期，孩子也许仍把父母当做学习、模仿的第一榜样；但是进入青春期后，情况就会发生了变化。随着成人意识的出现，他们要在更广的范围内接触社会和人生，于是，隐私内容也就发生了变化，而且范围在逐渐扩大，并且这种隐私也是人成熟的一种标志。所以，保护孩子的隐私就是在保护孩子的成长。孩子的隐私意识逐渐增强，也就意味着孩子正在逐渐地成熟与独立。因此，父母一定要善于保护和引导孩子的隐私。

1. 家长要尊重孩子，不能把孩子当做自己的私有财产

孩子有自己的小天地，在这个小天地中，他们不需要父母的参与，特别是到了青春期，他们开始把日记本锁进了抽屉，许多事也不愿和父母商量，往往会自作主张。父母往往怀疑孩子是否有什么出轨的事，这就要求父母要懂一点心理学常识，才可明白孩子的这一举动是很正常的，孩子们渴望拥有一个属于自己的世界，而这也正是他们成熟的表现。

2. 以适当的方式转化孩子的隐私

父母可以过问孩子的一些事情，但要明确指导思想，讲究方法。应该先尊重孩子的隐私权，再让孩子自觉自愿地和你谈他的隐私。隐私的特点是具有一定的相对性，自己的私事对一些人是隐私，对另一些人可能不是。隐私可以转化，不信任你时是隐私，信任你了就可以不是隐私。父母要争取孩子信任自己，使孩子主动、自愿地披露心中隐私。

3. 与孩子多交谈，给孩子一个自由的空间

尊重孩子的隐私权，也就是尊重孩子的人格。给孩子一个自由的空间，对孩子的隐私积极引导。父母应主动以平等的态度与孩子多交谈，谈父母在与他同龄时的一些所思所想、成功和挫折，谈自己对事物的看法和想法，倾听和征求孩子的意见和建议，使自己成为孩子可以信赖的朋友。一段时间后，孩子会愿意把自己心中的秘密告诉父母，这样就了解和掌握了孩子的一些隐私，给予他们必要的指点和教育。

4. 给孩子一个单间

有条件的家庭，可以辟出一个单间专供孩子学习、休息、娱乐用。房间门及抽屉钥匙交由孩子自己保管，父母及外人平时不要随意进出孩子的房间及乱翻孩子的东西，让孩子心中的秘密有地方可藏、可锁。

正确理解和看待孩子的惹是生非

孩子惹是生非是一件正常的事，在大多数情况下，这种惹是生非是和孩子的天性联系在一起的，只要父母及时合理地引导，就会使孩子轻松活泼地成长。

孩子总是会出现很多令父母感到棘手的问题，父母也经常为孩子的惹是生非而烦恼。其实，从某种意义上说，孩子总是和淘气、惹是生非联系在一起的。孩子的淘气是天真、幼稚的表现，是有其积极意义的。淘气说明孩子有活动能量，精力旺盛；淘气说明孩子心智活跃，心态宽松；淘气说明孩子有探索周围世界的积极性。孩子的许多淘气行为都是出于好奇，是一种探究、解惑行为。俗话说："淘气的小子是好的，淘气的姑娘是巧的。"但是孩子的淘气一般表现为父母眼里的惹是生非。

所以，父母一定要正确理解和看待孩子的惹是生非，并对孩子的这些行为作出积极的引导，这正是一次教育的契机，父母应该及时地抓住这个机会，使孩子健康愉悦地成长。比如在孩子们交往中就经常出现这样的场景。

在幼儿园，东东抢了小琴的帽子，边跑边喊："哦，追不着喽！我把你的帽子扔臭水沟去喽！"小琴被气得嘤嘤地哭了起来，眼看着东东把自己的帽子扔到了草堆里。

其实，东东的"挑逗"其实是儿童间非常常见的社交行为，是善意的，其隐含的内容实际上是想和小琴说："快来和我一起玩吧！"如果小琴的家长能够这样理解小朋友的心理，鼓励小琴主动和其他小朋友一起玩，就会出现一种令人愉快的结果了。

一位教育专家说："一个会挑逗他人的孩子，说明他的智力发育有了飞速的成长，能够利用自我设计的游戏来引起其他孩子的注意力，进行友好交往。同时，如果其他小朋友开他的玩笑，他也能够快乐地接受，并且利用自己的智慧化解对方的挑逗，是请小朋友参与到游戏中的一种行为。"

可见，孩子的惹是生非很多时候是因为父母不理解孩子的行为而产生的一种误解，或者是父母不了解孩子成长的心理，没能够及时地对孩子进行积极的引导。

在美国，一位焦急的母亲给一位博士写了这样一封求助信：

亲爱的博士：

我有两个女儿，一个 5 岁，一个 7 岁;我还有一个 10 岁的儿子比利。比利跟他父亲的关系不太好，我也经常对他的惹是生非大吼大叫。在学校里，老师对他的评语是，他非常需要进一步学习如何与人相处。他在校园里惹是生非，在校车上闹得鸡犬不宁。每次下了校车步行回家的路上，总得与什么人打一架或者向别人扔块石头。所以，我通常都是自己到校车停靠的地方去等他，把他领回家。

比利天生聪明，但字写得极差，而且很不耐烦坐下来写。与同龄人相比，他长得又高又壮，具有得天独厚的优势。但是，他却用在打闹上。他酷爱看电影、泡水玩和在泥巴里挖洞，而且还常常捉弄别人。他喜欢吃果冻、饼干、巧克力和口香糖。他的祖母就住在我们家的附近，但是他却不懂得和其他人分享自己的食物。

比利的老师对他诅咒和辱骂他人的言语也极为不满。大家都认为他只会惹是生非，不可能做出什么好事来。有一天，他提早放学回家，发现房门锁着，便捡起一块石头打破窗户爬进了屋。前几天还把卧室的镜子砸破了。我拿他真是一点办法都没有。

可见，孩子的惹是生非给父母带来了很大的困扰，但是这份困扰很大程度也是父母自己加在自己身上的。如果父母能够正确理解和看待孩子的行为，并及时地给予应有的引导和规范，就会使孩子朝积极健康的方向发展。

指点迷津

孩子的惹是生非是父母如何看待和处理的一个问题，如果父母以孩子的视角，从孩子的心理入手，积极地引导孩子的行为，就会发展孩子积极合理的一面，去除偏颇消极的一面。所以，对待孩子的行为，父母一定要顺应和引导，而不是以自我的主观意识强制地管制和约束。

1. 首先对孩子的惹是生非要保持冷静理性的态度

当孩子做出了你认为的惹是生非的事情后，父母首先应该注意克制自己的情绪，不要主观臆断，要以冷静理性的态度去了解孩子的行为，剖析孩子的心理。

2. 认可孩子的感受，用赏识的眼光看待孩子。

《和孩子一起跳舞——给中国幼儿教师的 50 封信》一书中，吴放老师说："假如我们只注意孩子是不是守成规、听指挥，假如我们总是用成人的标准评价孩子的创作、孩子的行为，假如我们对孩子看似出格的想法和做法不去努力地理解和鼓励，孩子的创造潜能就会在我们的管教中慢慢地销蚀殆尽。"

所以，父母要认可孩子的感受，用赏识的眼光来看待孩子的行为，去了解孩子的心理。不要用外在的成人的标准来衡量对与错，真正走进孩子的心里，让孩子感觉到自己行为的正确性和合理性。

3. 合理适度地表达自己的想法和观念，积极引导。

孩子的做法有不恰当、不合理的地方，父母要合理恰当地表达自己的想法和观念。同时在表述自己想法时一定要照顾孩子的自尊心和接受能力。此外，还要在肯定的基础上指出不足，加以引导。

第二章
品格力充盈孩子的灵魂

　　品格的教育和培养是成就孩子一生的根基和推动力。在孩子成长的过程中，品格的充实和完整是起跑线上的优势，也是成就孩子未来的前提和基础。德国著名作家卡尔·威特曾说："无论你希望孩子长大以后成为什么样的人，首先他应该是一个品格高尚的人。"因此，重视孩子品格的培养与塑造是父母对孩子最有价值的投资，也将是孩子一生中最宝贵的财富。

重视对孩子的爱心教育

每个孩子都是天使，每个孩子的心都是纯真而善良的。作为父母，对孩子最大的爱、最好的教育，就是给予孩子健康而健全的品格，就要从小重视对孩子的爱心教育。

爱心教育是让孩子受益一生的教育，也是孩子成长过程中最关键而不可或缺的一课。一个充满爱心的人将会拥有一个更自信、更坦然、更愉悦的人生。苏联教育家苏霍姆林斯基说过："善良的情感是良好行为的肥沃土壤。""良好的情感是在童年时期形成的，如果童年蹉跎，那么，失去的将永远无法弥补。"因此，父母对孩子的爱心教育，一定要把握住时机，从小就开始对孩子进行培养和塑造。

爱心，是一种同情怜悯之心，是对自己、对他人、对社会的一种责任。从小培养孩子的爱心是孩子成长过程中的一项基础性教育，也是对孩子心灵的净化和提升。画家梵·高曾说："爱之花开放的地方，生命便能欣欣向荣。"法国批判现实主义作家左拉也说："爱是不会老的，它留着的是永恒的火焰与不灭的光辉，世界的存在，就以它为养料。"所以，爱心可以充盈孩子的心灵，丰满孩子的身心，拥有爱心的孩子就像是盛满了酒的酒杯，芳香四溢。如果父母不重视孩子爱心的培养，那么孩子的人生就是不完满的，就是有缺憾的。同时，这种缺乏爱心的教育，也会给孩子今后的人生带来更多的阻力和坎坷。所以，从小就要有意识地发现并积极引导孩子的爱心，使孩子健康成长。

美国曾举办过一个竞赛，寻找最有爱心的孩子。最后，一个年仅4岁的女孩获胜。当记者采访她的母亲如何教育孩子时，她的母亲只给记者讲了一个故事：孩子两岁时，隔壁邻居一位老先生失去了他深爱的妻子，十分悲伤，在家痛哭。听到他的哭泣，我就走进老先生家，看见老先生伤心欲绝的样子，我什么也没有说，只是陪着老先生默默地流泪。孩子这时也悄悄地跟了进来，孩子看了看我和老先生，也低下头陪着默默地流泪。后来，老先生慢慢停止了哭泣。

回到家后，妈妈问她为什么跟着流泪，她说："因为老先生需要我们陪着他一起哭。"这时，母亲知道爱心已经在孩子心中萌芽了。后来，在母亲的引导与爱心的浇灌下，这个小女孩的爱心就慢慢地生发出来了。

可见，对孩子爱心的培养是形成孩子健全人格的重要内容。善于在日常生活细节中发现并积极地引导孩子的爱心，是父母应该时刻注意的。如果父母不注重孩子爱心的引导，甚至说自身就缺乏爱心，那么对孩子的影响将是十分恶劣的，倘若父母不能及时纠正自身的行为，很有可能会使孩子误入歧途。

一对中年夫妇对年迈的父母很不孝顺，他们把老人撵到一间破旧的小屋里居住，每顿饭用小木碗随便送些东西给老人吃。

一天，他们看到自己的儿子在雕刻一块木头，就问孩子刻的是什么，孩子认真地说："刻木碗，等你们年纪大时好用。"这对中年夫妇听了猛然醒悟，立即把自己的父母请回正屋同自己一起居住，扔掉了那只小木碗，拿出家里最好吃的东西给老人吃。小孩也因此转变了对他们的态度，从此一家三代和睦生活。

俗话说，父慈子孝。如果做父母的不懂得关爱他人，不懂得尊老爱幼，在孩子小的时候，只知道给孩子提供好的物质生活条件，让他吃好的，穿好的，却不注意给予孩子爱的教育，那么，孩子长大后，将会是一个冷漠麻木、受人唾弃的人。

点迷
指　津

对孩子的教育，没有什么比爱心的教育更全面、更重要的了。现在的孩子都是在爱的呵护下长大的。他们在爱的环境中获得安全感、满足感，获得激励和信任，从而促进身体的健全发展。可是，这些饱受爱意滋润的孩子往往却缺乏对他人、对社会的爱心，少数孩子甚至缺乏必要的情感，没有同情、没有怜悯，显得是那么冷漠。

1. 对孩子进行悄悄的教育

每个孩子都会偶尔有一些缺乏爱心的行为表现，但这并不是他们的主观动机导致，而是孩子身心发育不完善的原因，但是如果孩子的教育跟不上，偶发的行为也会形成稳固的习惯，到孩子长大以后再纠正就难了。因此，当孩子出现不友好行为的时候，父母要当机立断地制止孩子，可以采取把孩子抱走、转移注意力、与孩子讲道理商量解决办法等方式中断孩子的不适宜行为。然后贴在孩子的耳边说悄悄话，悄悄话的内容是告诉孩子在哪些地方错了。之所以悄悄教育，是因为孩子虽小也有自尊心。父母在批评孩子的同时注意维护孩子的自尊心，保护好孩子的自尊心是孩子健康成长的保证，同时得到尊重的孩子会更懂得如何尊重他人，关爱他人。

2. 父母要乐于接受孩子的爱

当孩子的爱自然表现时，父母要欣然接受，这样才能让爱心充分地发挥，否则就会扼杀了孩子爱的天性。如：一个孩子正在边看电视边吃妈妈削好的苹果，妈妈在干家务活，累得满头大汗，孩子就对他说："妈妈歇会儿吧，我来帮你干活，你也吃个苹果。"妈妈说："我不累，你吃苹果吧。"孩子好失望。其实妈妈的做法是不妥的。她爱孩子，孩子也爱她，请她吃苹果。可是孩子拥有了她的爱，而她却没有接受孩子的爱，也许就在这充满爱的拒绝中，她遏制了孩子爱的萌动，让孩子认为父母不需要他们的爱。不要忘了，爱是一种双向的情感交流，孩子在接受爱的同时，也希望去爱别人，从而得到情感上的满足。

3. 鼓励强化孩子的爱心行为

"人之初，性本善。"父母要在日常生活中注意观察孩子的表现，一旦发现孩子的友善行为，就要及时地亲吻、拥抱或赞扬孩子，也可以采取奖励小礼物等方式鼓励他，受到鼓励的孩子下次会容易再次出现类似行为。如果父母对孩子的闪光点视而不见，孩子表现同样行为的频率就会低得多。鼓励孩子的友好和充满爱心的行为，就会使孩子的爱心行为成为一种自觉的习惯。

4. 拓展孩子的交往范围，培养表达爱心的能力

总是把孩子关在家里，是培养不出真正的爱心的。因为在家里，孩子属于弱势群体，理应享受很多特权和优惠，大人就会不知不觉地让着孩子。父母必须把孩子带出去，让孩子在社区里活动，让他自由地与同龄小朋友交往、一起玩耍。父母要注意观察孩子在没有特权和优惠的情境下，能否识别他人的好意、回应别人的好意，孩子又如何向他人表达自己的喜好。如果孩子在交往出现了不顺利的情况，父母要仔细观察孩子的应变能力怎样。这些都能反映孩子爱心情商的高低，帮助父母有针对性地培养孩子的爱心。

5. 让孩子多喝自然接触，和大自然交朋友

让婴幼儿与大自然的花草、植物、动物和谐相处，也是培养孩子爱心不可缺少的内容，是锻炼孩子爱心迁移能力的途径。让孩子学会爱护花草，爱护小动物，做父母的也要以身作则。告诉孩子大自然是人类的好朋友，要让孩子从小就知道爱护大自然、保护大自然是一种美德。父母可以多带孩子到植物园、郊外走走，让孩子领略大自然的美感。让孩子在轻松愉快中培养爱心。

6. 父母在生活中给孩子树立良好的榜样，让孩子在实践中塑造爱心

比如：给老人泡杯茶，送礼物，说些体贴关心的话，带着孩子去看望生病的人，给予他们同情、帮助，来感染孩子的心灵。另外，多与孩子进行情感交流，并鼓励他与同伴共同分享好吃的、好玩的东西，并学会宽容、谦让，这样孩子的爱心会自然而然地模仿，潜移默化地渗透而逐渐形成了。

重视对孩子品德的教育

品德是一个人永久的无法剥夺的财富，良好的品德就如同一个人潜在的名片，在无声中述说着一个人的善恶美丑。对于孩子来说，品德的力量更是不容忽视。优良品德的培养和养成是孩子一生的资本。

品德的教育和爱心的教育一样，都是对于孩子心灵的教育，对孩子的成长都是极其重要的。但是孩子出生以后，父母大多会想到要给孩子充足的营养、丰富的知识以及怎样开发孩子的智力，对孩子品德的培养和塑造却不怎么重视。

比如，孩子放学回家，父母最关心的是什么？如果有考试，就是问成绩，如果只是平常的日子，会问孩子是否有家庭作业，如果有，就督促孩子认真地去完成。但少有父母会先问问孩子做错了事没有，少有父母问孩子撒谎了没有，最多是出于爱护问被人欺侮了没有。

要知道，如果忽视从小对孩子的品德教育，将来即使你花 10 倍的时间或代价也不会达到原先的效果。正如一名优秀教育家所说："优秀的品德，只有从孩子还在摇篮之中时就开始陶冶，才有希望在孩子心灵中播下道德的种子。"苏联教育家马卡连柯也曾说："正确、合理和适合标准的儿童教育，比做再教育工作容易得多。"所以，良好的品德教育对于孩子的成长是非常重要的。父母一定要加以重视，给予孩子及时的品德培养。否则，将会给孩子今后的人生造成难以估计的伤害。

有一名留学德国的外国学生，刻苦读书，成绩优异。毕业后他雄心勃勃地去一些大公司求职，可是屡屡碰壁。在万般无奈之下，他不得不放下架子，屈尊到一家小公司求职，但是仍旧遭到拒绝。

　　这位留学生忍无可忍，拍案而起："你们这是种族歧视！"小公司的人事主管把他拉到无人处，从其档案中抽了一张纸，这张纸上有他乘坐公共汽车三次逃票被抓的记录。

　　在德国，乘公共汽车因逃票而被抓的概率为万分之三，可以推断，这位留学生在德国留学期间，可以说几乎没有购票乘车的记录！面对这样的档案记录，他无言以对。

　　一个职业能力不强的人，可以通过学习提高能力，也可以降低求职标准，最终找到适合自己的职业岗位。但是，像上面的那个留学生，在一些蝇头小利上都不讲诚信，没有信用，还指望谁会信任他呢？因此，品德就是你最大的资本，缺乏优良的品德就会在无形中局限你的人生，使你的成功可望而不可即。

　　可见，在人的一生中，道德品格始终都在发挥着不容小觑的作用，它要么是你的跳板，要么就是你前行的绊脚石。一个品德低劣的人，注定是要漂泊和流浪的。作为父母，只有认识到品德的力量，从小就对孩子进行品德的培养和塑造，用美德占据孩子的心灵，用美德支配孩子的行为举止，孩子今后的人生才会一路平坦。

　　一位哲学家带着一群学生去漫游世界。10年间，他们游历了所有的国家，拜访了所有有学问的人，现在他们回来了，个个满腹经纶。

　　在进城之前，哲学家在郊外的一片草地上坐了下来，说："10年游历，你们都已是饱学之士。现在学业就要结束了，我们上最后的一课吧！"

　　弟子们围着哲学家坐了下来。哲学家问："现在我们坐在什么地方？"弟子们答："我们坐在旷野里。"哲学家又问："旷野里长着什么？"弟子们说："杂草。"

　　哲学家说："对，旷野里长满杂草。现在我想知道的是，如何除掉这些杂草。"弟子们非常惊愕，他们没有想到，一位在探讨人生奥妙的哲学家，最后一课竟是这么简单的一个问题。

　　一个弟子首先开口说："老师，只要有铲子就够了。"哲学家点点头。另一个弟子接着说："用火烧也是很好的一种办法。"哲学家微笑了一下，示意下一位。第三个弟子说："撒上石灰，就会除掉所有的杂草。"接着讲的是第四个弟子，他说："斩草除根，只要把根挖出来就行了。"

等弟子们都讲完了，哲学家站了起来，说："课就上到这里了，你们回去后，按照各自的方法除掉杂草。一年后，再来相聚。"

一年后，哲学家的弟子们都来了，不过原来相聚的地方已不再是杂草丛生，这变成了一片长满谷子的庄稼地。弟子们围着谷地坐下，等待哲学家的到来，可是哲学家始终没有来。

若干年后，哲学家去世了。弟子们在整理他的言论时，私自在最后补了一章：要想除掉旷野里的杂草，方法只有一种，那就是在上面种上庄稼。同样的道理，要想让灵魂无纷扰，唯一的方法就是用美德去占据它。

可见，注重品德的培养对一个人的成长和发展是多么重要。只有用一颗盛满美德的心去实践、去拼搏，才会悠然地完成自己华丽的转身。

指点迷津

家长无时不为孩子操心，心中总是念念不忘孩子长大后做一个什么样的人。其实，孩子以后会成长为一个什么样的人，就在于父母是不是能够给予孩子良好的品德教育。如果父母认识不到品德培养在孩子教育中的重要性，忽视对孩子的品德教育，那么孩子今后的人生就很难有什么突破和发展。

美国作家亨利·詹姆斯的侄子问他，他这一生应该做什么时，詹姆斯回答说："人生有三样东西是重要的。第一是要善良，第二是要善良，第三还是要善良。"其实，我们这一生要坚持的，就是做一个品德高尚的人。普林斯博士说："孩子的道德教育应从摇篮时期开始，因为当今社会所缺乏的不是头脑而是品德。"因此，一定要注重从小对孩子的品德教育，而且还要掌握恰当的方法。只有让孩子从小就接触和熏染到品德的魅力和琼酿，孩子才会在日后的生活以及工作中把优良的品德作为自己一种自发自觉的行为，才能真正地用品德的力量来引领自己的行为。

具体来说，加强对孩子品德的教育可以从以下几个方面入手。

1. 做好表率，扮演好父母的角色

在孩子品德的培养中，父母之所以起到举足轻重的作用，主要是因为父母是陪伴孩子的第一人，也是时间最长的人，父母的一言一行都成为孩子模仿的对象。

孩子的心灵是一块奇怪的土地，播上思想的种子，就会获得行为的收获；播上行为的种子，就能获得习惯的收获；播上习惯的种子，就能获得品德的收获；播上品德的种子，就能得到命运的收获。可以说，孩子的命运在很大程度上操纵在母亲的手中。父母若严格要求自己，做孩子的表率，努力培养孩子好的品德，为开拓他们的美好前程积极创造条件，孩子就能够成为一个品德高尚的人。

2. 培养孩子的自制力

"幸福的人并不是能随意支配金钱的人，而是能随意支配自己的人。"只有自制力较强的人，才能够让自己做自己的主人。如果孩子没有良好的自制力，就像是一匹脱缰了的马，是很危险的。因此，父母要从小培养孩子善于控制自己，具有较强自制力的品格，这不仅是他们人生自主的保障，也是一个独立完整的人应该具备的品格。

3. 培养孩子遵守时间的品德

时间意识是孩子必须要有的品德。拥有时间意识的人是值得尊敬和学习的，不管是和别人聚会还是自己独自去办理一件事情，都要有时间意识，都要遵守时间。因为，在聚会的时候迟到是一种很不礼貌的行为，在自己处理事情的时候没有时间意识是一种对自己不负责任、松散涣散的行为。不管怎样，没有时间意识的人是不会有什么发展的。因此，一定要注重孩子时间意识的培养，在日常生活中，父母应该有意识地让孩子做事情按时间概念来，同时还可以和孩子一起约定时间进行某项活动，以培养孩子的时间意识。

4. 培养孩子拒绝谎言的品德

谎言是万恶之源。孩子由于缺乏经验，又富于想象力，有时会说谎，并且也知道这是坏事情。父母对此不应过分指责，但是要注意矫正。因为从无害的说谎，到欺骗他人的撒谎，它们之间只有一步之遥。

5. 培养孩子的勇敢之心

勇敢也是孩子的重要品德。有的父母看到孩子受了一点伤就过分地安慰他，反而加重了孩子的痛苦，这是一种错误的做法。正确的做法是把孩子的注意力迅速转移到其他方面去，以帮他忘记痛苦。勇敢的人并不是无情的人。父母不能使孩子成为既无同情心又无怜悯心的木头人。

重视对孩子进行诚实的品质教育

诚实是一种真实的从容与平静，诚实的孩子是富有的。高尔基曾说："诚实是人生永远最美好的品格。"因此，加强对孩子诚实的教育和培养是成就孩子一生的投资。

诚实是就像是人生航船的楫浆，控制着人生的去向，在人生的征程中，再没有什么比诚实更宝贵，再没有什么比怀有诚实的人更富有。诚实有时候是一把钥匙，它能够打开人们心中那扇门的锁，让人们敞开心扉，沐浴在友谊的阳光中；诚信有时候就是一颗青涩的果实，你咬一口，虽然很苦却回味无穷，倘若你将它丢弃，便会终身遗憾；诚实有时还是一种本钱，拥有诚实的人能够在一无所有的情况下品味到快乐。所以，用诚实的精神滋润孩子的成长，孩子才能够健康茁壮地成长。

孩子的撒谎现象，一般两三岁就开始了。孩子说谎最主要的原因是：

在他们看来，说谎可能会带来某种利益和满足。但每次说谎的具体动机又是不相同的。

据调查研究发现，小学阶段孩子说谎的动机基本上有以下几种：第一种，为了满足贪吃贪玩的欲望而说谎；第二种，做了错事害怕惩罚而有意隐瞒真情；第三种，明知同学、朋友做了错事，出于友情或面子等而有意不说真情；第四种，为了获得老师、父母的欢心和奖励而谎报成绩、舞弊、抄袭作业等。

孩子的撒谎总体上可以分为两种，一种是无意识的，一种是有意识的。无意识的，就是所谓的小聪明，灵机一动。幼儿园里分糖吃，有个小朋友已经吃过了，还想吃，灵机一动，就跟老师说我还没吃呢。于是又骗了一颗糖吃。有意识的，比如说今天考了 60 分，顺着老师的笔迹改成 80 分，拿回去交差。两者的区别在于，前者是信手拈来的撒谎，后者是有预谋的、有准备且目的性明确的撒谎。

无意识的撒谎是很多聪明的孩子都能用得到，类似于一种趋利避害的聪明本能。有的父母，特别是姥姥一辈，特别纵容孩子的这种小聪明，认为是比别的孩子智商高的标志。智商确实高点，这是没错，但是，如果无意识的撒谎次数多了，就会转变成有意识的，撒谎会成为一种生活手段，那么品行就出问题了。所以，无意识的撒谎是小孩子比较普遍的现象，正常，不必太紧张，只要正确引导不让其发展就可以。但是有意识的撒谎父母就一定要注意，并及时地予以纠正。

列宁小时候，有一天跟着爸爸、姐姐到姑姑家里做客。姑姑家里有好几个表哥、表姐，都很喜欢列宁。列宁也喜欢和他们一起玩儿。这天，他们在姑姑的房间里玩"捉人"的游戏，追的追，逃的逃，热闹极了。列宁跑得很快，不小心碰了桌子，"哗啦"，桌子上的花瓶掉在地上打碎了。多好看的玫瑰花瓶，打碎了多可惜呀！孩子们一下都呆住了。姑姑听到响声，赶忙跑到房间里来，瞧瞧出了什么事。她看见花瓶打碎了，就问大家："孩子们，谁把花瓶打碎了？"表哥、表姐都说："不是我打碎的。"列宁呢，也跟着说："不是我打碎的。"他说话的声音很低很低。姑姑说："你们谁也没有打碎花瓶，那么一定是花瓶自己打碎的了，大概它在桌子上站得心烦了，所以就掉了下来。"一个表哥说："大概这个花瓶想跟我们一起跑一跑，所以从桌子上跳下来，可是它忘记了自己是玻璃的，就打碎了。"大家听他这么一说，都笑起来，只有列宁没笑，不声不响地跑到另外的房间，坐在桌子前。他心里很难过，因为他说了谎。他回到家里，晚上躺在床上，想着，想着，忽然哭起来了。妈妈问他："你为什么哭呀？"列宁把自己说谎的事告诉了妈妈。妈妈说："这不要紧，明天你写封信给姑姑，承认自己说了谎，她一定会原谅你的。"列宁这才安心睡觉了。过了几天，邮递员给列宁送来一封信，啊，是姑姑给他写的回信！列宁赶忙把信拆开来看。姑姑在信上说："你做错了事，敢于自己承认错误，就是个好孩子。"列宁把姑姑的回信给爸爸妈妈看，爸爸、妈妈都称赞列宁是个诚实的好孩子。

诚实是做人的根本，所以，父母一定要重视对孩子诚实品质的培养和教育。

具体来说，导致孩子说谎的因素大致有以下几点：

1. 父母不正确的教育方法

孩子做错了事，撒了谎，父母不是循循善诱、耐心教育，而是一味地说教、打骂、体罚，或采用其他的强制手段让孩子认错，以致于造成孩子心理上的恐惧和担忧，从而导致用--个谎言去掩饰另一个谎言；另外，由于父母溺爱、娇惯，对孩子的错误包庇、袒护，对孩子的说谎一味包容，没有教育意识。

乐乐带着棒球出去玩儿，一不小心打碎了邻居家的玻璃窗。为了不被逮到挨骂，他一溜烟跑回了家，可是满脸惊慌的他正巧撞见了爸爸。

·　"乐乐啊，什么事情啊？这么慌慌张张的。"

"……啊，没有，没什么……"

"是吗？都写在你的脸上了。你做错了什么事情是吗？"

"我说了没什么事情。"

"你这孩子。我能看不透你的心思吗？说说吧。"

爸爸一下就判断出乐乐说的是谎话，并执意想要追究事实真相。结果，乐乐坦白后得到的是爸爸的一顿教训。

"打碎了玻璃窗就往家跑，你不能堂堂正正地处理好这件事情，已经很不好了，更不好的是刚才你还对我说了谎。"

大多数人可能都会认为爸爸教育得没错。俗话说"3 岁养成的习惯 80 岁也改不过来"。只有让孩子掉了眼泪，知道要改正了才行。但是，乐乐想掩盖事实而说谎的理由之一就是：他曾经因为打碎了茶杯而被爸爸训斥了一顿。

2. 为了取得他人的夸奖

如他人的东西找不到了，问孩子拿了没有，并说只要你承认，你还是好孩子，孩子为了要做个好孩子会违心地说："我拿了，弄坏了，我扔掉了。"

3. 虚荣心所致

孩子们在一起游戏时，免不了要相互比较、竞争。有的孩子会吹嘘自己的玩具比同伴的多，自己的衣服比别人的贵，也会夸自己的父母比别人有能耐等。所以，孩子有时为了显示自己比别人处处占优势而夸大事实，编造谎言。

4. 为了达到某种愿望而说谎

如天气并不很热，孩子想吃冷饮，他会故意擦汗，表示天气很热，嘴里不停地念叨"热死了"，其实孩子真正的目的是为了向父母要钱去买冷饮。

5. 由于孩子年龄小，记忆不清晰或由于时间概念模糊而造成的说话不真实

如一个月前妈妈给婷婷买了一个可爱的娃娃，别人问她什么时候买的，她会说是昨天买的。孩子还会把想象和现实混淆，甚至把想象、渴望的事情当做现实。

总之，不管怎样，没有无缘无故的对也没有无缘无故的错，孩子的撒谎总是有原因的。只有明白孩子撒谎的原因，父母才能够有的放矢，有针对性地引导孩子的成长，使孩子成长为一个诚实而具有独立精神的人。

点 迷
指 津

撒谎是孩子常见的行为，也是父母最棘手的问题。在孩子与父母的相处中，撒谎似乎是一种不可饶恕的罪过，可是在撒谎的背后却不只是孩子自身的问题，一碰到孩子撒谎父母就大呼小叫，厉声呵斥，这无疑助长了孩子的撒谎行为。

撒谎是由多种原因造成的，因此父母一定要针对孩子撒谎的原因作出相应的举动。如果父母不分青红皂白，对孩子的撒谎一味采取粗暴的方式，不仅不能纠正孩子的撒谎行为，而且还会让孩子背上更大的心理包袱。甚至一个怀疑的眼神、一个不信任的表情、一再重复同样的话、让孩子发誓、背后偷偷地打探等不信任的行为都会让孩子产生很大的压力，激起孩子的逆反心理，使孩子慢慢地与父母保持一定的距离，最终使孩子与父母之间的误解和隔阂不断地加深。

因此，要想把孩子养成一个诚实、不撒谎的人，父母就要认识自己的孩子，反省以及修正自己的言行，对孩子进行科学而有效地引导和教育。

1. 父母要留心孩子说话时的表情，及早发现他们的说谎行为，及时予以教育

其实，只要父母注意观察，多和孩子交谈，发现他们说谎是不难的。如经常问问孩子当天上了哪些课，参加了哪些活动，就不难发现孩子是否逃学；当孩子向父母要钱并说是捐款时，只要问问捐款的用途，或向其他同学了解一下，便可判断是否说谎。

2. 父母要冷静地分析孩子说谎的动机，采取不同的处理措施

如对因贪吃贪玩而说谎的孩子，应鼓励他们根据实际需要向父母提出要求，只要实话实说，家庭条件许可就应满足他们的要求；对因做错事害怕惩罚而说谎的孩子，父母要给孩子较为宽松的家庭环境，较为宽松的心态和空间，不要动不动就施以棍棒教育；对因"友情"

而说谎的孩子，既要指明纸包不住火的道理，又要讲清包庇错误并不是帮朋友，实际上是害朋友的道理；对为获得父母欢心而说谎的孩子，父母应注意不要以考试分数来衡量孩子的学习能力，助长孩子的虚荣心。这样，具体情况具体对待，就会帮助孩子逐步纠正说谎的毛病。

3. 父母发现孩子说谎后，重要的是要教育他们，帮助他们认识说谎的危害性

父母要让孩子知道，说谎得到的只是自欺欺人的短暂快乐，而失去的却是别人对他们的信任。说谎或许一时能蒙骗过去，但迟早会被别人发现真相，从而遭到人们的斥责。

4. 以宽容的心态，及时予以教育

父母在孩子还是幼儿时期时，就要经常给孩子讲一些有关说谎骗人害己的寓言故事，教育他们做诚实的孩子。

另外，当孩子承认说谎不对并表示今后会改正时，父母应当表示宽容，并深信他们会改正，能成为受大家欢迎的诚实孩子。有的父母在孩子承认错误后还采取打骂等方式加以惩罚，这样不但不利于孩子改正错误，往往还会适得其反，导致孩子今后将谎话越编越圆或者死不认账。所以，面对孩子说谎，父母既要用批评又要用宽容的方式鼓励孩子，让他们彻底改掉说谎的毛病，逐步养成诚实的好习惯。

5. 在纠正孩子说谎的过程中，父母还要针对孩子的心理特点

父母对孩子的教育要从关心、爱护出发，细心观察孩子的言行，分清是非，区别对待，耐心地引导，决不能简单粗暴。只有这样，才能有效地纠正孩子说谎的不良行为，使其成为诚实的孩子。

6. 由于孩子智力、知识水平尚低而造成的无意识说谎，父母不必大惊小怪

随着年龄的增长，孩子的记忆力、想象力、辨别力、分析能力的发展，这些说谎现象会自然消失。父母可亲切地指出与事实相违的地方，帮助他们把希望、想象与现实分开，切不可粗暴地训斥，也不要归结为道德问题，否则会使孩子产生不必要的压力和负担，从而影响今后的健康发展。

7. 孩子有说谎的不良行为，父母要耐心教育，循循善诱

面对孩子的撒谎，家长不要先入为主，一味地责备孩子，而是要找出孩子撒谎的原因，属于有意识说谎的，要帮他分析危害；属于无意识的，要积极地引导。父母可以用形象的事例来帮助孩子了解说谎是一种不良行为，会失去别人的信任，会失去朋友，并鼓励他，帮助他改正撒谎的行为。当孩子有了进步，要及时表扬，给予信任。父母要激励孩子鼓足勇气，积极向上，争取做一个诚实的人。另外，父母也可以通过讲故事、看电影及朗读文学作品来教育并塑造孩子诚实的品格。相反，如果父母连孩子一点小错误都不能容忍，并因此而打骂孩子，那么孩子怎么可能不说谎呢？父母一味地追究只会让孩子养成说谎的习惯，只会使孩子为了保护自己而编出更巧妙的谎言。因此，父母一定要耐心教育。

8. 言传身教，树立良好的榜样

榜样的力量是无穷的，身教胜于言教。父母最重要的就是要为孩子树立良好的榜样，在日常生活中要做到不说假话，言行一致，表里如一。因为孩子对事物的好坏分辨能力比较差，对父母所做的事总是有意无意地模仿。有怎么样的父母就会有怎么样的孩子，比如家里来了不受欢迎的人，妈妈在屋里躲起来，让孩子到屋外说"我妈妈不在家"，那么慢慢地孩子就会从妈妈的行为中，得出说谎是被允许的结论，而且孩子会渐渐地学习这种撒谎。因此，父母一定做好榜样的作用，在言行举止上注意自己的行为，首先要做到自己不说谎话。

9. 父母要多反省自己，心平气和地和孩子交流

孩子不敢向父母说实话，是一个不容忽视的问题。作为父母应该多反省一下自己，是不是与孩子缺乏必要的交流与沟通，是不是处理孩子撒谎的问题过于主观。其实，只要父母能够心平气和地和孩子交流，多多沟通，积极地引导孩子说实话，就能使孩子健康发展。

以理性的态度对待孩子的自私

自私是一种利己的行为，也是孩子成长过程中要经历的一个阶段。父母只有积极地加以引导，孩子才会把自私转化为爱人。相反，如果父母以宽容的态度对待孩子的自私，那么自私就会吞噬掉孩子的整个灵魂。

自私是一种可怕的吞噬，自私的人生总是充满局限的。在自私的人眼里，所有的一切都应是自己的专有物品，对一切被认为是好的东西都充满了占有欲，因而他们常常表现出贪婪、嫉妒、吝啬、虚荣等性情。

自私的构成通常就是以自我为中心，当自身的利益与对方产生冲突和矛盾时，他就会不计损失、不惜代价地占为己有，以满足自己的利益。在孩子的身上，自私的性情很小的时候就滋生了。两岁多的时候，他们常常都是"小气鬼"、"把家虎"，想要从他们手里要一点东西，是非常困难的。因为这个年龄段的幼儿自我意识开始形成并发展，进入了第一反抗期。另外，两岁左右的孩子，在一起玩耍的时候还常常会出现争抢玩具的情况。因此，父母一定要正确引导孩子的自私行为，让孩子的自私行为得到及时的引导和约束，使孩子对真正成长为一个独立而具有奉献、爱人思想的人。

尤其现在大部分家庭都是独生子女，父母的宠爱，爷爷奶奶外公外婆的溺爱，让孩子感受到自己在家庭的重要位置，吃穿用也都是家庭人员中最好的，在孩子心中自然成了理所当然的事情，所以自私从小就在他们心里扎下了根。随着他们一天天地长大，打交道的人也越来越多，因自私而与人产生的矛盾也越来越多。这时候，孩子的自私会表现得越来越明显、越来越突出。下面，我们就看一下一个母亲的经历，希望能给读者一点启示。

　　儿子大概两岁的时候，我给他买了一些小画书，他非常喜欢。一天，我正在家里做事，邻居家和他一般大的小朋友来到我家，也想看看这些花花绿绿的画书，只见儿子全身趴在画书上护着画书并大叫："这是我的书，我妈妈买的。"我立即走过去，无论我怎么劝他，他就是用身子护着书，不肯给小朋友看。我只好劝走了小朋友，告诉他下次给他看。之后，这个小朋友再也不愿意来我家玩了，儿子只好经常一个人在家玩，性格本来就比较内向的他话更少了。从这以后，我认识到自私可能阻碍儿子今后的与人交往，开始想办法克服儿子的自私心理。那时候在我们周围家家经济条件都不太好，没有一家有电视机。我家采取分期付款的方法买了一台12厘米的黑白电视机。晚饭后，我们打开电视机的时候，就有一些邻居家小孩来我家看动画片。每当这个时候，我就教儿子和我一起搬小板凳给这些孩子坐，并拿出一些糖果分给他们吃，儿子的和这些孩子的一样多，并告诉儿子好东西要大家一起分享才有意义。儿子在端小凳子给他的小朋友坐的时候，小朋友们都会说声谢谢，这时候我看见儿子也很高兴。慢慢地儿子的朋友也多了，小朋友们都喜欢和他玩，他要是有好吃或者好玩的东西都能和他人一起分享。可是不久在吃饭的时候，我发现儿子总是把他喜欢吃的菜拉到自己身边，他爸爸要是吃一点他都会不高兴。吃独食可能是独生子女共同的特点。当时我并没有指责他，因为吃饭的时候批评孩子，他有时候不理解，不高兴反而会影响孩子的食欲和消化。那时孩子很小，说道理他也不太懂。以后吃饭的时候，我把他喜欢吃的菜有意分一些给他爸爸，然后我自己也吃一点，并告诉他，"这些菜都是有营养的，可是我们家条件有限（那时候我们每个月的工资都不到1500元），不能买很多。你在成长中需要营养多一些，父母省了让你多吃点，不是父母不吃这些菜，所以你不能一个人吃，知道吗？"儿子听懂了似的点点头。从那以后，儿子再也不吃独食了。有一句话，我非常相信，那就是"是你教会了别人怎么对待你"。做父母的不自私，就会用行动告诉孩子不能自私，孩子也就不会对你自私。

可见在孩子成长的过程中，只要父母积极正确引导，孩子就会走出自私的牢笼，迎来崭新的人生。相反，如果父母亲不能积极有效地引导孩子的行为，就会使孩子陷入欲壑难填的泥淖而不能自拔。

一位年轻的母亲给她的宝贝儿子买了一根冰棍儿，或许是想让儿子拿着方便，未经儿子允许，先在冰棍儿下部咬了一口。这可惹怒了宝贝儿子，只见他接过冰棍儿便一下摔在了地上。接下来便是一阵哭闹，结果母亲顺从了儿子的要求，又买了一根，才平息了这场风波。

可以想象连对自己的母亲都吝啬的人，还能指望他会对其他人表示出关心与爱护吗？这就是自私孩子的表现，他们只懂得索取而不懂得付出，只知道实现和满足自己利益的最大化，而对其他人不理不睬。如果父母一味地放纵，最后总将毁掉孩子的一生。所以，孩子成长的过程中，父母一定要加强对孩子的约束和教育，不能唯孩子的话是从。

指点迷津

孔融让梨的故事可谓家喻户晓，然而在现代家庭中，孩子总是不自觉地或不知不觉地以家庭的中心人物自居，久而久之，就形成了自私的性格，所以父母在把希望和爱倾注于孩子身上的同时，还要注意引导孩子纠正自私心理和自私行为。

现代家庭大多是独生子女，父母、祖父母及外祖父母的呵护使他们的自我意识观念增强，要吃好的，要穿好的，要玩高档的玩具，家中一切必须以孩子的情绪变化和要求为中心，如果达不到要求，动辄要脾气，父母一见孩子不舒心，不管要求合理不合理，都顺从孩子，慢慢地，孩子的自私观念和以自己为中心的意识就建立起来了。

所以，父母一定要加强对孩子的引导和教育，培养孩子优良的品格。具体来说，父母应该从下几个方面入手。

1. 取消孩子在家中的特殊地位

在日常家庭生活中，要尽量不给孩子特殊待遇，让孩子知道自己在家庭中与其他成员是平等的，消除其以自我为中心的意识。

2. 引导孩子尊重和关心长辈

要让孩子学会享受时应首先考虑长辈，就餐时，好菜要先让长辈吃，舒服的位置让给长辈坐；别人为自己服务要表示感谢；别人不便时，应尽可能提供帮助，逐步体会到帮助、关心别人是愉快的。

3. 让孩子学会主动承担力所能及的家务劳动

欲望是滋生自私的根由，欲望的无止境，自私便随之而生。对于孩子，父母切莫把他们置于只懂得享受，满足于欲望，而不会履行义务的特殊地位，要让他们懂得欲望的满足和履行义务同等重要。父母应指导孩子从小学会自己穿衣、洗手帕、整理玩具、给爸爸妈妈倒茶水等，让孩子体验父母劳动的艰辛，懂得要从小养成热爱劳动的好习惯和独立生活的能力，这样孩子才会学会关心别人，而不单单只想着自己。

4. 为孩子创造经常与小伙伴交往的机会

父母要多鼓励孩子将自己的玩具、图书借给小朋友们玩和看，学会与小朋友团结友爱，养成互相谦让的好品德。

5. 拒绝孩子的无理要求

要纠正孩子的自私观念，父母就不能无条件地满足孩子的要求，对孩子提出的不切实际、无理的要求，父母必须坚决而明确地予以拒绝，甚至是合理的要求也不能百分之百给予满足。台湾皇龙投资公司董事长黄任中可称亿万富翁，但是他对孩子的物质要求一般只满足四分之一，就是为了防止孩子滋长自私的心理。

6. 父母要以身作则，做好表率，培养孩子对他人情绪的敏感性

家长自己先要做一个待人热情、关心别人、不自私的人，这样才能在孩子面前有说服力。一个家庭中，夫妻之间、婆媳之间，应互相体贴、照顾，随时随地嘘寒问暖，从语言到行动让孩子感受到人与人之间互相关怀、互相帮助的美好善良的关系，认识到互相协作、互相谦让的必要性，使孩子从小就学会"察言观色"，看别人情感变化，想别人的心理和

愿望，从而愿意做出让步，或者去帮助别人。

例如，孩子在看电视，爷爷打盹了，妈妈不妨引导孩子："看看爷爷怎么了？爷爷是不是困了？爷爷年纪大了，他要睡觉了，怎么办呢？"使孩子意识到应该关闭电视，让爷爷好好睡觉。孩子照做后，妈妈对孩子的这种表现应表示赞许。

家庭生活中，应将关心别人，为别人作出让步，或为别人做事等看做是平常的，是应该的，要使孩子养成自觉性，并形成习惯。

7. 巧妙设置一些家庭规矩，善于接受孩子的爱

每个家庭应该有这样一条规矩：有好吃的东西，大家都应该吃；即使是单给孩子的东西，也要教育他能给父母吃一点。父母在这时不要推辞或假装吃。否则时间长了，孩子会觉得只有他自己应该吃，"给父母"不过是装样子或"好玩"；一旦父母真的吃了一口，他就会立即"哇"的一声大哭起来。所以，父母要设置一些家庭小规则，善于接受孩子的爱。

家庭中还应形成这样一些常规：吃饭先请老人（爷爷、奶奶、姥姥、姥爷等）或客人坐下，盛饭先给老人或客人盛，好吃的菜摆到老人或客人面前；分吃水果等，要把好的、大的给老人或客人；做事不要影响别人等。

8. 大一点的孩子，父母应给他出一些"难题"

例如：只有一个苹果，应该怎么办？水果有大有小，应该怎么办？其他小朋友要借用你心爱的东西，怎么办？别人弄坏了你心爱的东西，怎么办？等等。在引导孩子解决这些难题的时候，既不要以压制手段破坏他的情绪，使孩子产生对抗心理，也不要放任自流，随便他怎样。而要顺其自然，孩子处理得好，家长应及时表扬、鼓励；孩子处理得不好，家长应指导孩子，事后要与孩子耐心地谈一谈：为什么不能这样而要那样，为什么这样做不对。使孩子知道应该尊老爱幼、应该关心别人、应该谦让、应该有牺牲精神等。

9. 奖励是教育子女的重要手段之一，孩子的许多好品质都是在赞扬声中形成的

孩子随着年龄的增长，开始关心周围人对自己的评价，孩子很希望

别人说自己是好孩子。许多教育家研究证明：精神鼓励的作用要比物质奖励大得多，效果也好得多，原因就是能避免了一些物质奖励带来的弊病。父母对孩子能关心别人，有好东西让大家分享，或做出一定牺牲的举动，要给予肯定、赞许，但不要大惊小怪地予以奖赏。不恰当的物质奖励不利于培养孩子无私的品格，反而会使孩子为了追求奖赏而去做事，一旦一次没有给奖，下次可能就不做了，这样会滋生孩子的利己主义。

让孩子懂得宽容

宽容是一种非凡的气魄和风度，是一种博大的胸怀，只有具有宽容的品格，孩子的人生才能走得稳健、踏实，才能在人生的道路上收获更多的机会和更大的成功。

现实生活中，人们常常会遇到别人对不起自己或有损于自己的事情，对此不耿耿于怀，不过分计较在意，能够一笑就过去，这就是宽容。宽容是人的一种美德，是做人的一种风度和境界。宽容能使人性情和蔼，能使心灵有回旋的余地，能使人消除许多无谓的矛盾，化干戈为玉帛。宽容的人，时时处处都会受到人们的拥戴，因此他们能够处理好各种人际关系，能够很快地适应各种不同的环境，能够融洽地与人合作，充分实现自己的潜能。尤其是对于孩子来说，宽容的品格具有非常重要的意义。

孩子的宽容心是一种非常珍贵的感情，它主要表现为对别人过错的原谅。这种感情对于孩子个性的健康发展，尤其是情感的健康发展，以及对于孩子良好人际关系的建立有着非常重要的意义。富有宽容心的孩子往往心地善良，性情温和，惹人喜爱，而缺乏宽容心的人往往性情怪诞，易走极端，不易为人亲近。

现在的孩子大多数都是独生子女。孩子在学校里受了委屈，父母就会心疼得不得了。所以，常常会听到有的父母教育孩子时说："别人对不起你，你就对不起他，别人打你，你就打他。"这其实不仅加剧了孩子在学校与同学的紧张关系，而且还会影响到孩子将来人际关系的处理，甚至会影响到孩子日后的夫妻关系。因此，教会孩子学会宽容，不仅是为了孩子今天能处理好与同学的关系，也是为孩子将来的幸福打基础。

同时，宽容了别人，就等于善待了自己。宽容是成就事业的基石，是化解矛盾的良药，是一种利己利人的品格。

有一次，孔子的得意门生颜回在街上看到一个买布的人和卖布的人在吵架，买布的大声说："三八二十三，你为什么收我二十四个钱？"

颜回上前劝架，说："是三八二十四，你算错了，别吵了。"

那人指着颜回的鼻子说："你算老几？我就听孔夫子的，咱们找他评理去！"

颜回问："如果你错了怎么办？"

那人回答："我把脑袋给你。如果你错了怎么办？"

颜回说："我就把帽子输给你。"

于是，两人一起去找孔子。孔子问明情况后，对颜回笑笑说："三八就是二十三嘛，颜回，你输了，把帽子给人家吧！"

颜回心想，老师一定是老糊涂了。虽然不情愿，颜回还是把帽子递给了那人，那人拿了帽子高兴地走了。

接着，孔子对颜回说："说你输了，只是输了一顶帽子；说他输了，那可是一条人命啊！你说是帽子重要还是人命重要？"颜回恍然大悟，"扑通"跪在孔子面前，恭敬地说："老师重大义而轻小是非，学生惭愧万分！"

孔子淡淡地说："躬自厚而薄责于人，则远怨矣。"

孔子的这种精神就是宽容他人的典型。事实上，这种宽容并不是每个人都能够做到的，明知是对方无理或者是对方错了，却不争不斗反而认输，虽然自己吃点小亏，但使别人不受大损。这种宽容的精神是难能可贵的。

　　宽容是一种美德，它像催化剂一样能够化解矛盾，使人和睦相处。诸如"退一步天高地阔，让三分心平气和"、"大肚能容，容天容地，容天下难容之事；开口便笑，笑古笑今，笑古今可笑之人。"这种不重表面形式的输赢，而重思想境界和做人水准高低的行为是高尚的。正如有位哲人所说："宽容是需要智慧的。"宽容体现了一个人的素养与气度，表现了人的思想水平。善待他人的短处，可以使自己与他人和睦相处；宽容对待他人的长处，可以使自己不断进步。只有一个拥有智慧的人，才会学习在心中留出一片天地给别人。

　　但是，现在的孩子大都以自我为中心，不管发生什么事情，很多人首先想到的是自己而不是别人。如果别人做错了事，根本没有一点宽容之心，往往抓住他人的错误不放。

　　作为父母，应该充分认识到宽容对于孩子来说不仅是一种待人准则，而且是一种保护孩子心理健康的习惯。现代科学揭示，宽容有利于一个人的健康长寿。美国密歇根州立大学的研究人员进行的一项研究发现，当人们想要报复他人时，血压会明显上升；而在宽容他人时，血压则显著下降。因此，作为父母一定要培养孩子宽容的品格。

　　一位翻译曾讲过这样一个故事：

　　在泰国的一个度假村，有一天，我在大厅里，突然看见一位满脸歉意的工作人员，正在安慰一位大约4岁的西方小孩。饱受惊吓的小孩已经哭得筋疲力尽了。问明原因之后，我才知道，原来那天小孩较多，这位工作人员一时疏忽，在儿童的网球课结束后，少算了一位，将这位小孩留在了网球场。小孩因为一人在偏远的网球场饱受惊吓，哭得稀里哗啦的。现在孩子的妈妈出现了，看着自己哭得惨兮兮的小孩。

　　如果你是这位妈妈，你会怎么做？是痛骂那位工作人员一顿，还是直接向主管抗议，或是很生气地将小孩带走，再也不参加儿童俱乐部了？

　　都不是！我亲眼看见这位妈妈，蹲下来安慰4岁的小孩，并理性地告诉他："已经没事了。那位姐姐因为找不到你而非常地紧张难过。她不是故意的，现在你必须亲亲那位姐姐的脸颊，安慰她一下！"

当时只见那位 4 岁的小孩踮起脚尖，亲亲蹲在他身旁的工作人员的脸颊，并且告诉她："不要害怕，已经没事了。"

只有这样的教育才能培养出宽容、体贴的孩子，只有这样的教育，孩子才能获得宽容、豁达的心性。

点 迷 指 津

宽容是心理养生的调节阀。人在交往中，吃亏、被误解、受委屈的事总是不可避免的。面对这些，最明智的选择是宽容。宽容不仅包含着理解和原谅，更显示出一个人的气度和胸襟。一个不懂宽容、只苛求别人的人，其心理往往处于紧张状态，从而导致神经兴奋，使心理、生理进入一种恶性循环状态。学会宽容就会严于律己，宽以待人，这就等于给自己的心理安上了调节阀。

做父母的，既可以将自己的孩子培养成胸怀广阔的人，同样也可以将孩子培养成心胸狭窄的人。但为了孩子的学习，同样也是为了孩子的幸福，为了孩子将来能有所作为，父母应当教孩子学会宽容。

1. 父母为孩子树立榜样

孩子的宽容之心最主要的来源就是父母。孩子最初是从父母那里学习待人接物的方式的。父母宽容、大度，遇事不斤斤计较，与邻里、同事之间融洽相处，孩子就会学着父母的样子处理同学之间的关系，也会变得宽容、好善、乐于与人相处。

2. 教孩子学会换个角度看问题

换个角度看问题也就是所谓的心理换位，就是指当双方产生矛盾时，能够站在对方的角度思考问题，思考对方何以会如此行事、如此说话。如果真的能够做到这一点的话，就能够理解对方，就能够减少很多不必要的矛盾。

许多孩子只习惯于从自己的角度思考问题，而不习惯于站在别人的角度上思考问题。要消除这种现象，办法就是心理换位。

会下棋的人可能都有这样的经验，刚学下棋时，往往仅考虑自己第一步怎样、第二步怎样，而不会考虑别人会怎样。只有棋下到一定水平后才会考虑自己怎样，对方会怎样应对，对于对方的应对，自己应当如何一一应对。如此考虑的回合数越多，个人的水平也会越高。处理生活中的问题也是如此，能够心理换位，能够站在对方的位置思考，能够设身处地地多为对方设想，生活中的许多矛盾就都容易化解了。

站在父母的角度上考虑，就会理解父母的良苦用心，站在祖父母或外祖父母的角度上考虑，就会理解老人的那份关爱和唠叨；站在老师的角度上思考，就会理解老师的艰辛；站在同学的角度上思考，就会觉得大多数同学是可爱可亲可交的。所以，教孩子学会心理换位是非常必要的。

3. 教孩子学会理解他人

金无足赤，人无完人，有缺点和不足乃是人性的必然。和同学相交，和朋友相处，完全没有必要求全责备。完全可以求同存异，只要同学和朋友的缺点不是品质方面的，不是反社会的。对于朋友的缺点和不足，对于同学心情不好时所说的话和所做的事，我们没有必要事事计较，事事都摆个公平合理。多原谅一次人，多给人一次宽容和理解，同时也就为自己多找了一份好心境，也会使自己觉得在个性完善的道路上又向前迈进了一步。

当然，宽容不是怕人，不是懦弱，不是盲从，不是人云亦云，这一点是必须向孩子讲清楚。必须让孩子知道宽容是明辨是非之后对同学、朋友的退让，而不是对坏人坏事的妥协。对坏人和得寸进尺的人是没有必要宽容的。

4. 让孩子多与同伴交往

宽容之心是在交往活动中培养起来的。孩子只有与人交往，才会发现每个人都有这样或那样的缺点，都要犯或大或小的错误，而只有学会容忍别人的缺点和错误，才能与人正常交往，友好相处。也只有通过交往，孩子才能体会到宽容的意义，体验宽容带来的快乐。如称赞别人的缺点，庆贺同伴的成功，帮助有困难的小朋友，采纳别人的合理建议等。这些都能使孩子得到友谊，分享别人的成功，并使自己也获得进步。

在孩子与同伴交往的过程中，父母要特别注意引导孩子宽容比自己强的同伴、比自己差的同伴和自己的竞争对手。让孩子不嫉妒比自己强的同伴，不嘲弄比自己差的同伴和不故意为难自己的竞争对手。让孩子向好同伴学习，帮助差同伴，学会与竞争对手合作。

5. 教育孩子要善待他人

有一个孩子，他不知道回声是怎么回事。有一次，他独自站在旷野，大声叫道："喂！喂！"附近小山立即反射出他的回声："喂！喂！"他又叫："你是谁？"回声答道："你是谁？"他又尖声大叫："你是笨蛋！"立刻又从山上传来"你是笨蛋"的回答。孩子十分愤怒，向小山骂起来，然而，小山仍旧毫不客气地回敬他。

孩子气冲冲地回家对母亲诉说，母亲对他说："孩子呀，那是你做得不对。如果你恭恭敬敬地对它说话，它就会和和气气地对待你。"孩子说："那我明天再去那里说些好话。""应该这样，"他的母亲说，"在生活里，不论男女老幼，你对人好，人便对你好；如果我们自己粗鲁，是绝不会得到人家友善相待的。"

这位聪明的母亲恰到好处地教会了孩子怎样待人。诚然，"要想公道，打个颠倒"。宽容是一种美德，在生活中，即使别人错了，无礼了，你若能容忍他人，宽容他人，同样能获得信任和支持，同样能得到别人的友善相待。

在教孩子善待他人的时候，父母可以通过角色互换的方法，让孩子摆脱以自我为中心的不良想法，学会心中有他人，宽容他人。父母应该教孩子对其他小朋友多一点忍让，多一份关心，这样别人也会遇事宽容自己，体谅自己，为自己着想。事实上，只要孩子学会了宽容，他就会赢得朋友，就会真正体会生活的快乐。

6. 鼓励孩子纳新和处变

宽容不仅体现在对人的态度上，也表现在对物和事的态度上。父母要引导孩子见识多种新生事物，让孩子喜欢并乐意接受新生事物，承受事物所发生的意想不到的变化，善知变和应变。如让孩子了解各种奇观奇迹，观察生活日新月异的变化，允许孩子独辟蹊径地解决问题。孩子一旦习惯于纳新和应变，他对世间的万事万物也就具备了宽容之心。

让孩子懂得感恩

感恩是一种开阔而积极的心态，是一种不斤斤计较，懂得付出和奉献的虔诚。只有懂得感恩的孩子才能更好地融入集体、融入社会，在爱与阳光的温暖下开辟出自己的一番事业。

感恩是一种品德，是一种境界，是一种对生命恩赐的感激。它就像是一股清泉、一弯小溪滋润着人们的心田，连缀着与他人、与集体、与社会的情感。中华民族自古就是一个富有感恩之心的民族，自古就有"饮水思源、知恩图报"，"羊羔跪乳、乌鸦反哺"，"谁言寸草心，报得三春晖"的优良传统。然而，近些年来，随着独生子女的增多以及父母等长辈对孩子的娇生惯养，许多父母在对孩子的培养上，往往只重视孩子的智力开发，而忽略了对孩子的感恩教育。

现在的孩子大多是独生子女，生活条件优越。父母的这种过度溺爱，也造成了孩子心理和性格上的许多缺陷：自私，唯我独尊，不知道感恩，只知享受和索取，不知付出和奉献。父母亲太过于溺爱孩子，总认为孩子小，凡事都替孩子包办，无条件地给予，但是却从不培养孩子的回报意识，从而养成了对现有的条件不珍惜，只顾一味地索取。在他们看来，他人的一切给予都是理所应当的。

媒体曾报道，湖北某市总工会与该市女企业家协会联合开展助学活动，19 位女企业家与 22 名贫困大学生结成帮扶对子，承诺 4 年内每人每年资助 1 000 元至 3 000 元不等。入学前，该市总工会给每名受助大学生及其家长发了一封信，希望他们抽空给资助者写封信，汇报一下学习生活情况。但受助一年多来，部分受助大学生的表现令人失望，这些人没有主动给资助者打过一次电话、写过一封信，更没有一句感谢的话。后来市总工会、市女企业家协会联合举行的第九次助学活动中，主办方宣布：5 名贫困大学生被取消继续受助资格。这样的事例让人不禁思索：现在有些孩子怎么了？他们把亲人、友人无微不至的爱看成天经地义，以自我为中心，不懂得体谅，更不知道回报社会。

孩子没有感恩的心，通常受以下几个因素的影响。

第一，认知因素。俗话说"知恩图报"，只有知道了别人对自己的付出和关爱，才会产生报恩的意识。

第二，感知因素。他们只知道父母给自己吃，给自己用，而体验不到那是关怀和爱的情感，认为那只是父母的义务，自然也就不会产生感恩的心。

第三，感恩的想法是否受到过鼓励。父母为孩子做事，许多孩子向父母表示"您辛苦了"的时候，父母往往说"你把书读好就行了"等，其实这就把孩子自发的感恩之心给扼杀掉了。

第四，家庭和社会氛围的影响。很多时候，孩子没有感恩之心，是因为父母在生活中对孩子没有这方面的要求，没要求孩子对父母的付出感恩。

点 迷 指 津

在日常生活以及工作中，人们时时刻刻都在接受着各种各样的恩赐：父母的养育，师长的教诲，爱人的关爱，朋友的友情，大自然的馈赠……但是，对这些恩惠，有很多人似乎觉得是理所当然的，丝毫没有感恩的意识。"滴水之恩，当涌泉相报"的感恩思想似乎正在离人们越来越远。特别是有些孩子，感恩在不知不觉中逐渐被遗失和忘记。有杂志调查显示，84%的父母认为现在的孩子不懂得感恩。可见，感恩精神的缺失已经成为一个急需要面对和解决的问题

鸦有反哺之义，羊有跪乳之恩，中国向来是讲究知恩图报的礼仪之邦，但这些父母觉得浅显的道理在孩子看来却难以理解，所以，父母对孩子进行感恩教育就一定要针对孩子的心理特点，具有针对性地引导和培养孩子的感恩之心。

1. 父母要为孩子做出榜样

曾经有这样一个故事：一对夫妻嫌弃年迈的父母，他们做了一副箩筐，在一个深夜把父母放在箩筐里，挑到深山中，把父母丢弃了。不料他们的小儿子偷偷地跟在他们身后，悄悄捡回了箩筐。夫妻俩发现后，问儿子这样做的缘由。儿子理直气壮地说："留着给你们年老的时候用呀！"从这个故事中，可以看出：榜样的力量是无穷的。这种行为对孩子美好心灵的建立无疑会起到破坏作用。

所以，言传不如身教，要想让孩子学会感恩，父母的榜样作用是很重要的。因此，父母平时无论工作多忙多累，都要记得在假期时常带上孩子去看看自己的父母。春天带上孩子一起和老人去公园赏花，可以逢年过节时和孩子一起给老人选购礼物，等等。父母要用自己对长辈关爱的言行来慢慢影响、感染孩子，使之能够深深地印在孩子的心里。

在家庭生活中，父母和孩子之间要相互尊重，相互关爱，相互体贴。既要共同承担家庭的责任，也要共同分享家庭的快乐。父母在日常生活中表现出来的这种态度和行为，对孩子会起到耳濡目染和潜移默化的作用，正所谓"近朱者赤"。

2. 教会孩子说"谢谢"

"谢谢"是一句单纯平实而又撼天动地的话，也是人类最美丽的语言。有时候，一句"谢谢"是说不尽的盛意，道不完的感恩。当父母为孩子端上可口的饭菜时，不要忘了引导孩子说声谢谢；当老师为孩子讲解题目而延迟了下班时间时，不要忘了引导孩子说声谢谢；当同学向孩

子伸出援助之手时，不要忘了引导孩子说声谢谢；当出租车司机将孩子送到家门口时，不要忘了引导孩子说声谢谢……当孩子学会了发自内心地对身边所有人表示感谢时，感恩的心态才会渗入了他的每一个细胞，成为他的一种品格。

3. 选准时机对孩子进行感恩教育

现在的孩子，从周岁开始过生日，家长动辄兴师动众，这样的行为不但助长了孩子的虚荣心，增强了他们的自我中心意识，而且还浪费了物力财力。其实，孩子的生日就是母亲的"受难日"，"十月怀胎，一朝分娩"，母亲在这个过程中忍受了很多的辛劳和苦痛。因此，家长要抓住孩子生日的契机，对孩子进行感恩教育。还可以利用清明节、母亲节、国庆节等传统节日，对孩子进行感恩教育，潜移默化地让孩子由关爱单独的个人扩展到关爱个人所属的团体或集体乃至社会。

4. 当孩子做出某些爱的表示的时候，作为父母要坦然地接受、重视、珍惜孩子的爱的表达

面对孩子爱的表达，父母要真诚地表示感谢，最好能明确地告诉孩子，父母也很爱孩子，很需要孩子。这样的熏染与培养，才能有效地培养孩子的感恩之心。

5. 让孩子懂得感恩无处不在，并适时夸奖孩子懂得感恩的行动

不要让孩子觉得感恩是一件高不可攀的回报行为，在孩子做了扔垃圾、拿拖鞋或端茶送水等一些小家务后，要及时对孩子予以表扬，让孩子树立感恩也可以从小事做起的观念。

6. 授人玫瑰，手有余香

感恩不一定仅限于父母或亲人，要让孩子懂得"助人为快乐之本"的道理。平时让孩子了解贫困地区的孩子生活，并尽己之力捐钱捐物，给予困难人群一定帮助。比如之前汶川大地震，鼓励孩子捐出自己的零花钱就是一个很好的教育范例。

7. 平时让孩子看或听一些感恩的小故事，积极地引导孩子

记得有个小故事是这样说的。外国有个孩子把帮妈妈干的十几件家务活参照市场行情列出了相应的价格清单，而她的妈妈看到后，也列出

了无数件为养育他而做的事情清单，最后的合计却是"所有都免费"。故事的结尾，小孩脸红了。

让孩子懂得什么是苦难

　　高尔基说："苦难是人生最好的大学。"的确，苦难犹如一所大学，是直击心灵的教育。特别是在新的时代环境下，加强对孩子的苦难教育，不仅能够充实孩子的心灵，也能够让孩子更加自立自强。

　　人生的过程从某种意义上说就是在不断的挫折与苦难中一步步成长和成熟的，特别是在新的时代环境下，在孩子的成长过程中，苦难已经成为一种十分稀缺的资源。就目前的家庭构成上来看，绝大多数的孩子都是独生子女，大多数孩子过着衣来伸手饭来张口的生活，一遇到挫折与困难就往往不堪一击。因此，对孩子的苦难教育是父母给予孩子最宝贵的精神食粮。

　　古罗马哲学家塞涅卡曾说："没有谁比从未遇到过不幸的人更加不幸，因为他从未有机会检验自己的能力。"可见，苦难是一种人生的财富，是成长过程中必需的营养。在新的时代环境与家庭背景下，孩子缺乏对苦难的一种体验，太缺乏对于苦难的一种磨炼与充实。绝大多数的孩子就像是温室里的培养品，没有体味过寒冷的味道，也不知道风霜的凌厉。一旦这样的孩子独立走上社会，就很可能会不适应。因此越是在优越的环境下，越不能忽视对孩子的苦难教育，对孩子进行苦难教育不仅能够使孩子认识到优越生活来之不易，提高自己独立自主的能力，而且还能够充分认识到苦难的价值，正确面对今后生活中的酸甜苦辣。

　　在日本，一些幼儿园每逢冬天便让赤身裸体的孩子在风雪中滚爬摔打。瑟瑟的冷风，冻得孩子发抖，嘴唇也发紫。但是站在一旁的父母一个个"硬心肠"地看着，不动声色。孩子的父母说："在送给孩子幸福之前，先要送给他们苦难。"

在德国，孩子们的事父母会尽可能地让他们自己做，父母还会有意识地让孩子去做一些艰难的事。法律还规定，孩子到14岁时就要在家里承担一些家务，比如要替全家人擦皮鞋等。这一做法大大加强了孩子的社会义务感。

在美国，小学生就利用学习之外的时间，靠给他人送报、送奶、修理草坪等劳动来挣自己的零花钱，从小体验劳动的艰辛。

相比之下，中国的孩子吃苦就太少了，他们在家长无微不至的关怀下，已经变成了温室里的花朵。如果父母仍然溺爱、太心软，不放手让孩子去锻炼，那么将来就有可能剥夺孩子本该获得的幸福。因为，孩子一生中不遇到挫折是不可能的，为了孩子将来少吃苦头，让孩子在成长的过程中适当吃些苦头，才是明智的。

另外，谈到对孩子的苦难教育时，著名爱国华侨领袖陈嘉庚先生的儿子陈国庆回忆道：

父亲非常疼爱我们，但平时对我们的要求也非常严格。他操劳一生，积攒了大量的钱财，但都捐赠给了集美学校和厦门大学。

我从大学毕业后，就进了父亲的工厂上班，他对我说："从现在起，你应当自己养活自己了，不要依靠我，我有钱也好，没钱也好，都不会留给你们。"

那个时候在工厂要从早晨7点一直干到晚上10点才下班，每天吃饭都在工厂里排队吃食堂。

一次，工厂里组织为支援抗战募捐，每人捐3块钱。

那时我的工资才十几块，还得买一些我喜欢的书刊，自己觉得实在困难，就硬着头皮向父亲要钱，但父亲说："不可以！几块钱对于我来说是一个小事情，但我就是要从这些小事上来培养你们自立自强的能力。一个普通工人可以做到的事，难道你就做不到？"

我当时认为父亲的做法有些严厉，可今天，当我也已经儿孙满堂了，才完全理解了父亲的苦心。如果没有那时的艰苦磨炼，就不会有我后来事业上的成就。

　　陈嘉庚先生就是要从小事上来加强对孩子的苦难教育，培养孩子自立自强的能力。当初他拒绝孩子的要求，要孩子凭自己的本事和努力去赚取自己的成功，看似冷酷无情，却使孩子在苦难与挫折的磨砺下增加了人生的韧性，得到了实际的锻炼，进而为之后的人生之路奠定了坚实的基础。可见，苦难教育是父母对孩子的一种长远教育，是父母对孩子一生的投资和储备。没有良好的苦难教育，孩子就很难领略到苦难对于生活的价值和意义，也就很难独立地面对生活，实现自身的伟大突破与成功。

　　有人曾说，"90后"是站在车轮上的一代，是一生下来就注定要在蜜罐里长大的一代。确实如此，他们在家庭中享受着祖辈、父辈多方面的关心呵护，更多的是四个老人加上父母共六人的疼爱。好吃的，由孩子先吃；好玩的，由孩子先玩。但孩子还不知足，养成了独生子女的狂妄虚荣、目空一切的性格，造成了孩子娇生惯养、挑穿挑食等不良习惯。父母们过分的溺爱，让孩子成了家中的"小皇帝"、"小公主"。在家里，孩子什么事都不干，衣来伸手，饭来张口；在学校里，只关心学习成绩，有些孩子对学校一周两节体育课也不好好上，跑步刚开始，就有人脱离队列，改成步行，自甘落后，，一点苦也吃不了，回家还要向父母叫苦，向父母撒娇——"唉，今天体育课累死我了！"还没有吃什么苦，就让父母们心疼得不得了，一个劲儿地安慰孩子。可见，新一代的孩子正生活在一个苦难边缘化的时代，养尊处优的生活已经让孩子感觉不到生活的真正价值和实在意义，只要孩子有需要都可以从父母那里得到，孩子已经蜕变成一代远离苦难也鄙视苦难的人。但是，孩子总有长大的一天，孩子毕竟要去独立地面对生活所赠与的一切，也包括苦难。如果父母从小就让孩子沉浸在无忧无虑的生活环境中，什么事情都替孩子安排好了，那么父母不在身边的时候，孩子就会变得非常脆弱，非常缺乏安全感，特别是孩子独自去面对挫折与苦难时，孩子很有可能就会被苦难吓破胆，被挫败打得落荒而逃。

诚然，疼爱孩子是父母的天性，但如何疼爱孩子、怎样才算是真正的疼爱孩子，却是一个值得思考的问题。如果只让孩子待在自己所撑起的大树下，坐享其成，不让孩子体验一下生活的艰辛与酸甜苦辣，不让孩子经历社会实践的风雨和洗礼，孩子是永远也长不大的，是永远也无法独当一面的。

"严是爱，宽是害"，这里的严就是要父母加强对孩子的苦难教育，让孩子真正地去体验苦难、认识苦难、面对苦难以及战胜苦难。只有这样，孩子才会在对困难的认知中慢慢地成长为一个坚忍顽强、富有开拓与进取精神的人，才能够以王者的姿态来迎接崭新的未来，才能有能力、有实力、有魄力去驾驭成功、运筹前程。

指点迷津

人生的旅途是不会一帆风顺的，挫折和苦难是促进孩子成长的催化剂，因此，父母应该从小就有意识地对孩子进行逆境锻炼，即创造环境对孩子进行磨炼意志品质、学会吃苦的锻炼，让孩子坚强勇敢，沉着冷静，遇事便能迅速找到克服困难的办法。接受逆境锻炼是孩子们成长过程中的一门必修课，也是父母要教会孩子如何生活的关键。

1. 敢于放手

孩子应该有属于自己的生活方式与生活能力，因为总有一天他要独自面对社会。父母不可能总帮他清理人生路上的障碍，所以父母要敢于放手，敢于让孩子从小就尝试着独立地去面对问题，体验苦难。让孩子脱离成人的保护，自己去探索外部陌生的世界，难免会遭遇挫折、失败、打击，这个时候，父母要让孩子靠自己的能力战胜挫折，敢于面对苦难，不要总是对孩子放心不下，不要一味地代替孩子解决问题。

2. 设置障碍，培养孩子的抗挫能力

人生中遇到困难、挫折是经常会发生的事情，可为什么还要有意地制造困难呢？因为在成长的道路上孩子总是难免要遇到苦难、阻碍的，如果孩子平时走惯平坦路、听惯顺耳话、做惯顺心事，那么一旦他们遇到困难，就会不适应，从而束手无策，情绪紧张，导致失败。因此，父母要在平时的生活中有意地给孩子设置些障碍或安排一些活动，培养孩子更好地分析问题、解决问题的能力。

对孩子的挫折教育要具有预防性和针对性，有目的地组织障碍性活动。同时，父母还要注意孩子的年龄特点，设置障碍的困难程度须是孩子通过努力能够克服的。例如，孩子拿不到他想要的物品，父母不要马上拿给他，而要让孩子动脑筋，怎样才能拿到物品。总之，父母在日常生活以及与孩子的游戏中，有意地设置困难障碍，不能光是挖空心思地满足他们的要求，而应学习日本、朝鲜、法国的父母千方百计地对孩子进行吃苦教育的经验：带孩子登山、野营，让孩子自己动手捡柴火、备食料、定期让孩子到艰苦的地方生活，锻炼生活自理独立的本领，培养挑战困难与挫折的坚强意志和抗挫能力。

3. 鼓励克服困难，培养抗挫勇气

有的孩子在逆境中易产生消极反应，往往会垂头丧气，采取退避的方式。要改变这种现象，就必须在孩子遇到困难时，教育孩子要采取正确的态度，勇敢面对，向困难发起挑战。例如，当孩子登山怕高、怕摔跤时，父母就应该鼓励孩子说："别怕，你行的！摔一跤算什么？""你真勇敢！"许多小女孩害怕走平衡木、害怕游泳，这时，父母就应该鼓励孩子说："别怕，你准行！"孩子走不好摔倒了，自己爬起来，父母不要去拉扶和安慰，这样，孩子就会逐步树立起信心，努力地去战胜困难。当孩子一次次战胜困难时，他们便会增添勇气，激起对战胜困难的愿望，害怕的心理就会消失，自信心就会增强，这时孩子会对自己说："我行。""我可以。"

4. 自己的事情自己干

父母从小就应该培养孩子自己的事情自己干的意识，否则，离开了父母，孩子将束手无策，处处碰壁。

常言道，穷人的孩子早当家。说的就是家庭环境决定孩子自立能力的强弱和成熟的快慢。独生子女在家庭中没有兄弟姐妹，没有比照的对象，孩子很难确立自身的地位，难以形成自觉的独立人格的意识和吃苦精神。因此，父母一定要努力培养孩子，自己的事情自己办的思想和观念，要让孩子多吃一些苦，多碰一次壁。只有这样，孩子以后才能少碰壁、少吃苦。

孩子一生中不遇到挫折是不可能的，为了孩子将来少吃苦头，让孩子在成长的过程中适当吃些苦头，也不失为一种培养孩子耐挫力的好方法。

重视对孩子毅力的培养

毅力是为达到目的而自觉克服困难、坚强努力的一种意志品质，是一种心理忍耐力，是一个人完成学习、工作、事业的持久性。毅力之于孩子就是铸就成功最大的资本，拥有顽强毅力的孩子是自信的、专注的、果断的。因此，父母一定要加强对孩子的毅力培养，一定要重视对孩子的毅力教育。

没有无缘无故的成功，也没有无缘无故的失败。在所有的成功者中，坚强的毅力起着决定性的作用；而对于失败者来说，缺乏毅力几乎是他们的通病。因此，毅力是克服恐惧、沮丧和冷漠，增强解决各种困难和问题的关键。苏轼曾说："古之立大事者，不唯有超世之才，亦有坚忍不拔之志。"孙中山也说："最后的成功，归于最后的努力者"。因此，毅力是成功中的重要因素。所以，父母从小就要特别重视对孩子的毅力培养。孩子只有形成顽强的毅力，才能不断地开拓出崭新的人生。

"在科学上没有平坦的大道，只有不畏劳苦沿着陡峭山路攀登的人，才有希望达到光辉的顶点。"其实，在人生的成长中也是如此。只有具备顽强的毅力，才能正视困难与挫折，才能以大无畏的精神去迎接挑战和机遇。

　　法国传奇人物拿破仑曾说："人生之光荣，不在永不失败，而在能屡仆屡起。"可见，毅力是成功的动力源头，它能够把你推向任何想追求的目标。我国古代大医药学家李时珍写《本草纲目》花费了 27 年；进化论创始人达尔文写《物种起源》用了 15 年；天文学家哥白尼写《天体运行论》用了 30 年；大文豪歌德写《浮士德》用了 60 年，而郭沫若翻译《浮士德》就用了 30 年；马克思写《资本论》用了 40 年。这些中外巨人的伟大成果无一不是理想、智慧与毅力的结晶。还有一些科学家为坚持真理付出了鲜血与生命。布鲁诺提出了宇宙无限、没有中心的思想，被罗马教廷关了 7 年，最后被判火刑。因此，培养孩子的毅力是非重要和关键的。重视对孩子的毅力培养，加强对孩子的毅力教育，是父母给予孩子的铺路石，也是成就孩子前途和发展的重要因素。

　　曾经有一个教育家做了这样一个实验。他找来一些孩子，拿来一堆糖果等好吃的东西告诉他们说："在我离开这里再次回来之前，你们不能吃这些东西，等我回来后才能吃。"这位教育家走后，有些孩子耐不住了，就动手吃了这些糖果。这位教育家过后做了一个跟踪调查，凡是当初能克制自己，没有在这位教育家回来前吃糖果的孩子，长大以后发展前途好，事业有成。所以常言有"3 岁看大，7 岁看老"的说法。

　　一位哲人说得好："我们不仅要学会在欢乐中微笑，也要学会在困难中微笑。"特别是对于孩子，一有困难父母便挺身而出，在一旁保驾护航，久而久之，便会使孩子一遇困难就想退缩。随着孩子年龄的增长，父母也难免会为之担忧，因为父母不可能跟孩子一辈子，不可能永远为孩子遮风挡雨。所以，父母一定要加强对孩子毅力的培养，使孩子能够笑对生活中的艰难困苦。

　　挫折对于孩子既是坏事也是好事，只要把握好了，挫折就会使孩子走向成熟；把握不好，就会使孩子走向沉沦。尤其是对于女孩子，她们的承受能力相对来说要比男孩子弱，所以，在女孩遭受挫折时，父母更要通过一个个成功的事例让孩子认识到，任何一个人在遭受挫折后，只要不放弃、不气馁，及时地从失败中总结经验教训，就能反败为胜，这样孩子才能在遭受失败后看到胜利的曙光，积极地去战胜困难。

婷婷刚上小学时，许多同学语文和数学都考双百，而她每科只考80多分。自尊心严重受挫的小婷婷回到家里委屈地哭道："许多同学都笑话我，骂我笨……"

妈妈见此情景，连忙把女儿搂在怀里，一边给女儿擦眼泪，一边对女儿说道："我们婷婷根本就不笨！别哭。哭有什么用，只要有志气，就能赶上去。妈妈刚上学时也不如别人，好多孩子都比妈妈学得快。妈妈暗中咬牙努力，老师上课时我注意听，早上我比别人早起自习……后来，我终于成了尖子生。你不要胆怯，要有信心。只要努力，就一定能赶上去！他们学得好，不就是因为上过幼儿园，比咱早学了几年吗？这几年的差距算啥？学习有什么难的？"

妈妈一席话把婷婷说乐了，她的自信心也逐渐恢复起来。此后，婷婷开始发奋努力学习，到二年级下学期，成绩就赶上去了。

困难是人在生命的历史长河中不可避免的一部分，父母要帮孩子形成正确面对困难的态度，培养孩子战胜困难的毅力和信心，使孩子在困难面前不逃避、不抱怨，以积极、乐观的态度笑对人生。

点 迷
指 津

高尔基曾说："哪怕是对自己的一点小小的克制，也会使人变得强而有力。"可见，人只要有毅力，就能够有效地克服困难。父母要让孩子明白，生活就是由幸运和不幸运两部分组成的，只要有毅力就能够雨过天晴。任何人都不可能永远被阳光照耀着，要让孩子对阴云风雨有足够的心理准备和忍耐性。

具体来说，父母培养孩子的毅力应该从以下几个方面入手。

1. 有意识地从细节着手培养孩子的毅力

在孩子小的时候，无论是玩耍、看小人书，还是学习、做事，都要引导孩子要有始有终。如孩子学洗自己衣服，绝对不准借口累或手疼半途而废……长此以往，孩子就会慢慢地拥有顽强的毅力。

2. 让孩子吃点苦

在物质条件过分优裕环境中长大的孩子大多缺乏毅力，因此，父母应有意让孩子吃点苦。日本的家长很注意对他们的孩子进行吃苦教育。日本的小学生在无老师带领的情况下，面对着既无水源又无淡水的可怕自然界，安营扎寨，寻觅野果，捡拾柴草，寻找水源，自己营救自己。即使生活十分富裕的西方国家，也非常重视对孩子的吃苦锻炼，以培养他们的毅力。

3. 从自信中增强毅力

自信是毅力的精神基础，自卑者往往很难有毅力。因此，父母应从增强孩子的自信心入手，在日常生活以及细节中，激励孩子，消除孩子的自卑感，从而培养孩子的毅力。

4. 引导孩子做事由易入难，锻炼毅力

有些人很想把某件事情善始善终地干完，但是往往因为事情的难度太大而难以继续。因此，对毅力不太强的孩子来说，在确定孩子的奋斗目标、选择实现这一目标突破口时，一定要坚持从实际出发，由易入难的原则。徐特立同志学法文时，已年过半百，别人都说他学不成，他说："让我试试看吧。"他知道自己记性差了，工作又忙，所以，开始为自己规定指标，每天只记一两个生词。这个计划起步不大，很容易实现，虽然看起来慢了一些，但能够有效地培养信心，锻炼毅力。几个月下来，徐老不但如期完成计划，而且培养了对法文浓厚的兴趣，树立了信心，又慢慢掌握了学法文的窍门，以后每天差不多可以记三四个生词。徐老的做法对父母培养孩子的毅力是很有教益的。要是一开始在没有规划的情况下，提出过高的指标，指标就很可能实现不了，信心也必然遭到打击，纵使平时有些毅力的人，这时也难免会打退堂鼓。所以，按照由易入难的方法就十分有效。美国学者米切尔·柯达说过："以完成一些事情来开始每天的工作是十分重要的，不管这些事情多么微小，它会给人们一种获得成功的感觉。这种感觉无疑有利于毅力的激发。"所以，父母对孩子毅力的培养也要坚持这样的原则。

5. 培养孩子的兴趣，激发孩子的毅力

有人说兴趣是毅力的门槛，这话是有道理的。法布尔对昆虫有特殊的爱好，他在树下观察昆虫，可以一趴就是半天。诺贝尔奖获得者丁肇中说："我经常不分日夜地把自己关在实验室里，有人以为我很苦，其实这只是我兴趣所在，我感到'其乐无穷'的事情，自然有毅力干下去了。"当然，人的兴趣有直观兴趣和内在兴趣之分，但两者是可以转换的。例如：有的人对学外文兴味索然，可他懂得，学好外文是实现自我大发展的需要，对这个需要，他有兴趣，因此他也能强迫自己坚持学外文。在学的过程中，他对外文的兴趣就渐渐培养起来了，同时又能进一步激发他坚持学外文的毅力。一个人一旦对某种事物、某项工作发生内在的稳定的兴趣，那么，令人向往的毅力也就不知不觉来到他身边，也就成为十分自然的事情。因此，父母一定要积极地发现和引导孩子兴趣的发展。

6. 引导孩子一心一意做好一件事

孩子的兴趣容易转移，而常常表现为缺乏毅力。比如今天喜欢学跳舞、绘画，明天又爱学钢琴、学电脑，到头来什么都没有学好。心理学家指出，"三天打鱼、两天晒网"式的学习对培养孩子的毅力往往起负面作用。因此，父母要注意培养和鼓励孩子一心一意做好一件事，然后再去做其他的事。

7. 让孩子多加强体育锻炼

多让孩子积极参加适宜他们的体育锻炼，不仅可以增强体质，而且可以增加孩子的心理承受能力，这也有利于培养孩子的毅力。

8. 遇困难多鼓励

当孩子在接受意志力考验的过程中，遇到困难或挫折，出现意志消沉时，父母要及时地给予帮助、鼓励，让孩子鼓起勇气渡过难关，使孩子得到意志力的锤炼，从而增强毅力。

重视培养孩子的乐观精神

乐观，是一种积极的品格，是一种充满希望和干劲的生活态度。无论在什么样的情况下，只要拥有乐观的性格，厄运总会过去，阳光总会再来。因此，父母一定要重视对孩子的乐观教育，它是孩子战胜苦难、接受生活考验的重要因素。

乐观，直白地说就是一种美好的相信，就是一种坚定不移的执著。它不是表面的笑容。一个没有乐观精神的人，脸上再怎么笑也不是一个乐观的人，当面临困难和考验时，他的内心依旧会充满恐慌和忧虑，充满怀疑和不确定。因此，乐观是一种精神的富足，是一种心理的充实和淡定。它是长期在生活和实践的打磨和历练中成就的一种高贵的品质，所以，它也要在实践的过程中去培养和教育。

乐观本身就是一种成功，一切的和谐和平衡，健康和健美，成功和幸福，都是由乐观和希望的向上心理产生和造成的。拥有乐观精神的人，不管处在什么样的境遇，都会始终保持一颗积极向上的心，一种不会被失败和阴云掩盖的斗志。因此，乐观的人是富有的。只有拥有乐观的人才会在风云变幻的社会生活中以及巨大压力下从容应对。

西班牙有句谚语："纵声欢唱的人会把灾祸和不幸吓走。"可见，情绪对人的影响是很大的。乐观的情绪能够提高人的大脑及整个神经系统的活力，使体内各器官的活动协调一致，从而有助于充分发挥人的潜能，有益于健康和工作效率的提高。相反，悲观的情绪有可能使人的整个心理活动失去平衡，对人的身心健康都可能造成严重不良影响。

尤其是孩子，正是是非观念和性格形成的关键时期。孩子拥有什么样的人生态度，是乐观还是悲观，直接影响着孩子今后人生的走向和成就的高度。如果父母不能及时地对孩子进行有效的引导，孩子很有可能就会落入悲观的深井而无法自拔。

琪琪是个单亲家庭的孩子，在她很小的时候，她的父亲就在一场车祸中去世了。现在无论做什么事情，她都表现得很悲观。在她的眼里，天空总是灰暗的，没有一点色彩。

为了让这个孩子变得乐观起来，妈妈给她讲了一个故事："二战"时期，犹太精神病专家弗兰克在法西斯的集中营里失去了妻子、孩子以及一部倾注了毕生心血的手稿，几乎一无所有了。换成别人的话，肯定早已承受不了这样的打击而痛不欲生了，但他却坚强地选择了活下来。为什么有些人在艰难的环境中很快就绝望而死，而另一些人能够活下来，而且变得更加坚强呢？经过研究，他得出一个结论：这种天壤之别是人生态度的差异造成的。面对灭绝人性的法西斯的暴行，弗兰克说："有一种自由是无法剥夺的，那就是我们在任何情况下选择自己人生态度的权利，这种选择决定了我们的人生。"

妈妈接着告诉琪琪："这是因为乐观的人会变得坚强坚韧，悲观的人会变得脆弱。这乐观和悲观都是人生的一种态度，无论你选择什么样的态度，都一样要度过这一生的，那为什么不以乐观的态度和笑脸面对每一天呢？"

琪琪看着妈妈说："我不知道怎么才能乐观起来，我很早以前就不会笑了。"

妈妈说："什么是乐观？就是无论碰到什么样的困难和问题，都尽量往好的方面想啊！比如下雨会给你的行动造成不便，但你也不必郁闷。你可以这样想：这雨下得多及时啊！那田里的秧苗，花园中的花草，多么需要这场雨水的滋润啊！这样你的心情就会好起来。记住，凡事往好的方面想一想，每天都试着露出笑脸，就是一种乐观的生活态度！

"其实人生就像月亮一样，有阴晴圆缺，我们难免会有悲伤的时候，但我们不能总是沉浸在悲伤中。我们要用乐观的精神来对抗生活中的悲伤。只要你试着乐观起来，你就会发现，原来自己也有许多值得高兴的事情，原来生活还是如此美好的啊！试试吧，乐观起来！"

听了妈妈的话，琪琪的生活真的有了许多变化，她不再每天都绷着脸，开始主动跟同学接触了，试着去微笑了。回家的路上她也不再低着头，当她仰望天空的时候，她觉得那里变了颜色——已经是一片蔚蓝。

因此，父母一定要密切关注孩子的成长，一旦发现孩子有消极的思想倾向，就要及时地对孩子进行教育和疏导，使孩子顺利地度过人生的关键期。

现在家庭一般都只有一个孩子，单元楼房的出现又隔绝了人与人之间、家庭与家庭之间的交往。父母一般也不放心孩子自己出门玩，孩子与外界接触的时间越来越少，这样很容易导致孩子变得孤独、不开朗。尤其是女孩子，父母更是不放心让她自己出门玩，加之本身因为胆怯、害羞等方面的原因更易导致孤僻、悲观的心理。所以，为孩子积累乐观的财富便显得尤为重要。

点迷指津

罗兰说过："一个人如能让自己经常维持像孩子一般纯洁的心灵，用乐观的心情做事，用善良的心肠待人，光明坦白，他的一生一定比别人要快乐得多。"可见，乐观是多么重要的一种品质，是多么珍贵的一种素养。所以，父母在日常生活中一定要注重对孩子乐观性格的培养，使孩子在乐观积极的性格熏染下健康成长。

1. 让孩子明白做任何事情都会有困难，只有乐观才有机会

机会属于敢于奋斗和争取的人，而只有乐观的人才不会被困难吓倒，才能够以一种积极昂扬的斗志和毅力去战胜困难，获得更多的机会。因此，父母一定要积极地引导孩子形成乐观的品格。父母可以通过讲故事和让孩子读书的形式，让孩子了解一些名人因乐观进取而成功的事实，知道做什么事都不容易，让孩子逐步提升自己克服困难的勇气和能力，培养乐观精神。

2. 让孩子从小懂得什么事都有转变的可能

要让孩子明白，人世间的好事与坏事都不是绝对的，在一定的条件下，坏事可以引出好的结果，好事也可能引出坏的结果。当孩子学习上遇到困难的时候，要指导和帮助孩子克服这些困难，让孩子知道，只要有战胜困难的决心和办法，只要怀有一颗乐观的心，就会取得应有的成功。

3. 不要对孩子管教过严，让孩子掌管一些事情

乐观的精神状态在一定程度上，源自于对自我的感知以及对于自我能力的把握和估计。所以不乐观的人往往不自信。因此，父母要想孩子形成乐观的品格，就要善于让孩子独立地去掌管一些事情，让孩子在不同的年龄段拥有不同的选择和决定权。如允许孩子选择午餐吃什么，上街时穿什么衣服，假日去什么地方玩……只有从小就享有"民主"的孩子，才会感到乐观、自立。

4. 让家庭保持乐观的气氛

良好的家庭氛围能使孩子经常保持乐观、开朗、活泼的情绪。如果家庭中总是吵闹和争执，甚至充满敌意或暴力，是绝对不可能培养出乐观的孩子的。父母可带孩子多听听音乐，平时让歌声充满家庭。

5. 鼓励孩子多交朋友

不善交际的孩子大多性格抑郁，因为享受不到友情的温暖而孤独痛苦。性格内向、抑郁的孩子更应多交一些性格开朗、乐观的同龄朋友。

为了培养孩子的乐观情绪，父母要为孩子创造与他人交往的机会，如带孩子一起到邻居家串门，邀请孩子的朋友来家里做客，让孩子在适当的时候去同学家、邻居家玩等。在与他人交往的过程中，家长要教育孩子对邻居、客人要热情、有礼貌，这样可以使孩子逐渐养成尊重别人、爱护别人的良好品德。同时，适时培养孩子的社会兴趣，带领孩子参加一些其感兴趣的活动，让孩子在交往的过程中获得乐趣，这样对孩子乐观性格的培养也是大有益处的。

6. 生活不宜过分优裕

物质生活的奢华反而会使孩子产生一种贪得无厌的心理，应有尽有的物质生活反而会使孩子缺乏对未知困难的领悟和把握，从而对困难产生一种本能的畏惧。相反，那些过着普通生活的孩子往往只要得到一件玩具，就会觉得十分快活，而且在遇到困难和阻力的时候，也不会有太大的情绪波澜，因为现实的生活已经教会了孩子以怎样的态度面对阻碍和困难。

7. 保护孩子的快乐感

如果孩子是个书迷，但同时他还热衷于体育活动、饲养小动物或参加舞蹈训练，那么孩子的生活将变得更为丰富多彩，由此孩子也必然更为快乐。受应试教育的影响，有的父母无休止地把孩子送往这个班那个班，使孩子失去读书、打球、交友、唱歌的时间，这样极易造成孩子的疲惫和厌倦，情绪自然低落，做事无精打采，更谈不上乐观向上了。所以，做父母的在送孩子学东西之前，首先要解决这两个问题：是否符合孩子的兴趣与天赋？是否以剥夺孩子的休闲快乐为代价？

8. 父母要首先具有乐观精神

父母的言行对孩子的影响是巨大的。父母应该注意自身素质的提高，让自己的胸怀宽广些，言谈举止中流露出大将风度，这样潜移默化地让孩子接受教育。

父母若想培育孩子拥有乐观开朗的性格，首先自己应该是一个乐观和风趣的人。因为孩子受父母的关爱最多，所以孩子会把父母亲的行为特质在不知不觉中模仿吸收。不仅会吸收父母的乐观精神，同时也会感染父母的悲观情绪。倘若父母经常唉声叹气，疲惫不堪，遇事爱钻牛角尖，经常以消极的观点评论事物，孩子熏染日久，其举止也就会表现出忧心如焚，多愁善感，在日常生活中总是带着无病呻吟的悲切态度。

很多心理学家都有同感：心情沮丧，时常表现后悔内疚的人，往往看不惯孩子天真烂漫、心情愉快的样子。他们常常错把孩子本有的乐观当肤浅，把自信与活泼看成鲁莽，爱指责孩子。天长地久，孩子也就养成了悲观的态度。

9. 多和孩子交谈

孩子的性格是比较情绪化的，所以，做父母的应多留心孩子的情绪变化。当孩子有了苦闷，要让孩子尽量诉说，发泄其情绪，不要让孩子的委屈长期压在心头，更不要不问青红皂白地批评斥责；交谈时要注意回避孩子敏感、忌讳的话题；或者转移孩子的思路，减轻孩子的心理负担等。

因为父母对待孩子的态度往往是孩子乐观性格形成的重要因素，当孩子闷闷不乐时，无论多忙，父母也要挤出一点时间和孩子进行交谈，鼓励孩子表达心意。但父母切莫让孩子感觉到不高兴，要让孩子感到父母愿意帮助自己，从而自觉自愿地说出缘由。父母应耐心地倾听孩子讲述，然后对症下药。实际上，悲伤一经讲出，孩子的闷闷不乐很快便会消失。

10. 培养孩子积极的人生态度

在家庭生活中，要想让孩子从小养成积极的人生态度，除了要多与孩子交流，做乐观的典范外，还要注意以下几点：

(1) 告诉孩子对人对事重要在于尽力而为，没有必要过分苛求与自责，承认自己既有优点又有不足，从总体上接纳自我。

(2) 让孩子学会容忍别人的缺点。人非圣贤、孰能无过，对别人无心的过失不宜过分求全责备，能够包容他人的错误和缺点，给别人改正错误的机会。

(3) 培养孩子开阔的胸襟，对人无偏见，对事不固执，为人有原则，但同时也不失灵活性。

(4) 培养孩子开放的人生态度、接纳未知世界，告诉孩子这个世界充满了机遇、挑战和挫折，绝对的肯定是不存在的，应该敢于面对变化。

(5) 培养孩子科学的思维，遇事多作科学的思考，不为主观情绪冲动所蒙蔽。

(6) 让孩子遇事要有个人的主见，遇到是非不定或善恶不分的情况时，相信自己，尊重自己良知的判断；不必为取悦于他人而屈从其未必高明的意见。

(7) 让孩子学会面对现实，不做虚无论者。

(8) 让孩子自己对情绪困扰负责，不要抱怨他人和社会环境。

（9）让孩子多看名人传记或成功学类的书籍。当孩子情绪不好的时候，可推荐孩子去打打球，或者陪孩子去郊外散散心；给孩子讲述那些孤儿、先天残疾人的故事，让孩子知道原来自己是多么的幸运，从而会更加珍惜现在的生活。

孩子乐观的个性是长时间积累和培养的结果，很大程度上是后天环境和教育所造就的。因此，父母一定要注重对孩子乐观性格的培养和塑造。只有父母有意识地主动为孩子营造一种乐观而积极的氛围，才能为孩子开辟积极卓越的人生。

重视培养孩子的勇敢精神

幸福人生全球教育集团董事局主席杜士扬曾说："多数人并非没有理想，而是缺少面对梦想的勇气。"因此，加强孩子的勇敢教育，增强孩子的勇气，是一件非常重要的事情。正如维吾尔族的俗语说的那样："倘若失去了勇敢，你的生命就等于交给了敌人。"

勇气是一种胆识与魄力，是一种大无畏的勇往直前精神。拥有勇气的人是富有的，因为勇气会给予他更多的机遇和成功。然而，勇气也是一点一滴积累起来的品格。因此，父母就要在日常生活以及细节上从小就对孩子的勇气进行培养，只有这样孩子今后才能自如地面对生活中的挫折和困难，才能赢得更大的突破和发展。

据有关调查，现在的孩子胆小、懦弱、畏缩的越来越多了。这些孩子多表现出了双重性，"在家像条龙，出门像只虫"，怕生的环境，怕生人，怕强者，怕回答问题，怕黑，怕虫子，怕独处……

孩子为什么会缺乏勇气呢？就拿恐惧和害怕来说，孩子不是一生下来就怕这怕那的，相反，几个月的婴儿很少有惧怕反应，基本不知道什么是怕。一岁以后，这种怕的反应才逐渐明显，由此，朝不同的方向发展起来，有的孩子越来越胆怯，有的孩子越来越有勇气。

勇气不是天生的，是后天锻炼出来的。但是，当孩子稍有大胆的举动时，人们常能听到父母的惊呼："快下来，危险"，"别摸，危险"，"小心呀，危险"……于是，孩子的心就逐渐地被危险包围起来，在孩子的眼里，可怕的东西越来越多，勇气也就这样一点一点地被挤跑了。

因此，孩子有没有勇气，和环境与教育有直接关系，例如，过度保护，过度照顾，会使孩子变得软弱、胆小，怕这怕那。同时，和家长是否有勇气也有直接关系。家长的胆怯会造成怯懦的氛围，对孩子的心理起消极作用，孩子总是呼吸怯懦的空气，又怎么能有勇气呢？

另外，孩子之所以惧怕，多是对所怕的对象生疏，缺乏了解，如孩子怕虫子，是因为很少接触虫子，以为虫子是会伤害人的。通过了解与接触，孩子就会对昆虫产生兴趣，惧怕感也就自然消失。

小昆是一个非常可爱的小男孩，不但有礼貌还很乖巧，院子里的大人都特别喜欢他。他唯一的缺点就是胆小。邻居比他小的小孩玩的游戏，他都不敢玩，做任何有潜在危险事情他都畏首畏尾。伙伴们都说他胆子太小，是个胆小鬼。小昆很喜欢身为大学生的小舅，因为舅舅每次都给他买很多好吃和好玩的东西回来。可是有的玩具他很喜欢，但不敢玩。暑假到了，舅舅要带小昆回乡下老家，小昆高兴极了。临走时，小昆的妈妈告诉舅舅说，你外甥胆小，千万不能让他出去跑、跳、爬高等。

到了乡下，舅舅带着小昆踢球，到海边玩。小昆玩得非常高兴。但小昆发现舅舅有时候只顾自己玩。比如踢球的时候，小昆摔倒了，像往常一样，小昆"哇哇"地哭起来。因为以前在家里的时候，只要他摔倒了"哇哇"一哭，妈妈就会过来哄他，把他抱起来。可是，小昆哭了好大一会儿，舅舅始终不理他，还走到远处去捡球。于是，小昆继续哭，可是，舅舅捡球回来后，自己却在一边玩了起来。小昆一看没人理他，只好自己慢慢地爬起来。以后小昆摔倒了，他就自己起来，接着和舅舅抢球。由于他总能抢过舅舅，舅舅说他是个小英雄，小昆高兴得合不拢嘴。

有一天，舅舅和小昆玩爬梯子。舅舅刚把他放上去时，他很害怕，拼命地喊："救救我，舅舅，我要下去！"后来，舅舅自己爬了好几次，告诉小昆说："你看，很安全，努力一下你肯定能爬上去。爬上梯子，你就可以拿到你想要的奥特曼。"起初小昆还是不敢上，他想让舅舅上去给他拿奥特曼。舅舅却说只有小昆自己拿到了，奥特曼才算是小昆的。小昆试了试，爬了第一个阶梯。等到第二天，小昆又爬了第二个、第三个阶梯……后来小昆竟然能爬到最高的地方了。他拿到了他喜欢的奥特曼。

恰巧，妈妈这时候来接小昆，她看见小昆在那么高的地方玩，腿都软了，害怕得说不出话来。可是，她看见儿子不仅不害怕，还在高处兴奋地喊着："妈妈，我上来了！我拿到奥特曼了，我不是胆小鬼！"妈妈才松了一口气，并开心地笑了。

可见，勇气是需要培养的，是需要父母从小就要重视对孩子培养的，否则孩子办任何事情都会畏首畏尾，也就很难有什么突破和大的发展。因为，勇气就是一种思维习惯，这种思维一旦建立，它就会让你有毅力和决心去面对危机、攻击以及逆境。

有勇气的人，并不是意味着他不会产生丝毫的恐惧。恰恰相反，勇气意味着体验到了恐惧，不夸大也不隐瞒。所以，勇气就是在对恐惧的征服中诞生的。因此，在对孩子的勇敢教育中就要善于打开孩子的心结，积极地引导孩子战胜自己内心的恐惧。

点迷指津

在孩子成长的过程中，由于父母的娇惯和溺爱，孩子往往缺乏必要的勇气。有些父母总是担心孩子有危险，总是不敢轻易让孩子自己去体验和尝试一些新鲜的事物，所以，慢慢地，孩子就会变得越来越胆小，

越来越没有勇气。但是"不经一番寒彻骨，怎得梅花扑鼻香"，一味地让孩子选择逃避风险，孩子也就永远长不大。所以，父母应当培养孩子面对挫折和困难的勇气，把经历挫折当做孩子成长的必修课。

胆小的孩子其实就是缺乏必要的勇气，不敢去尝试，不敢去冒险。特别是面对挫折和挑战时，胆小的孩子会本能地选择退缩和逃避，会预先在头脑里产生强大的挫败感。但是，只要父母学会积极地引导孩子，孩子就会慢慢地克服这种心理障碍，建立起自信，拥有应有的勇气。

1. 给孩子体验生活的机会

父母要尽可能地多为孩子创造体验生活的机会，如让孩子经常参加夏令营、冬令营等集体活动，多体验不同于平时学校、家庭的生活。在日常生活中，还可以让孩子到邻居家借东西，到附近商店买东西。孩子在生活中经历的事情越多，胆子就会越大，经验也会越丰富，越会越自信、自强。

2. 让孩子体验到尝试的快乐

体验成功是消除孩子胆小的最好方法。如果孩子害怕走夜路，父母最好领着他走一走夜路。在走过几次夜路后，孩子不但胆子会大起来，而且还可能会去欣赏夜色的美丽。反之，远离大自然不仅会束缚孩子的想象力，还会使孩子在复杂的生存环境下不懂得如何保护自己。

3. 别刺伤孩子的自尊心

经验告诉人们，训斥孩子是一种最笨的教育方法，因为越训斥孩子，孩子就会越胆小怕事，并会造成恶性循环。因此，家长在培养孩子勇气的时候，更多的是要给予表扬和鼓励。有的父母老是指责孩子："你看人家，小嘴叭叭的，你再看看你，像木头疙瘩似的。"这种定位式的批评特别容易刺伤孩子的自尊心和自信心，正好强化了他的怯懦一面。

4. 培养孩子的独立性

父母包办和代替的事情越多，孩子的胆子就会越小，所以，鼓励孩子去做一些力所能及的事情，让孩子拥有坚强的毅力，养成良好的生活习惯，学会自己照顾自己，比什么都重要。当孩子遇到困难时，家长不要一味包办，要让孩子自己想办法去解决。当然，父母也应给予必要的指导，让孩子慢慢学会处理各种事情，而不是完全不问不管，使孩子不知所措，这样反而会使孩子变得更加胆怯。

此外，为了培养孩子胆大的性格，家长要多带孩子出席各种集会，别人对孩子表示友好与尊重，能使孩子感到快乐，由此让孩子喜欢与他人交往。所以，父母要鼓励孩子经常和小朋友一起游戏、交往，教给孩子一些与同龄人交往的技巧，培养孩子对新事物的兴趣，养成热情、活泼的性格。对孩子存在的能力缺陷及时加以纠正，如孩子本来说话表达不清，母亲可以和孩子一起每天坚持表达训练。同时，当孩子面对新环境时，父母应给孩子详细描绘新环境的情况，教给孩子适应新环境的方法，并教给孩子如何勇敢地去面对。

5. 学会欣赏孩子

父母应该告诉孩子自己喜欢孩子，欣赏孩子的所作所为，哪怕是一点点小事，如孩子懂得体贴大人，知道关心别人等，这样，孩子就会更好地接受自己，经常鼓励孩子，让孩子觉得父母永远都支持他。当遇到困难和挫折时，可以向父母寻求帮助。如每天晚上花10分钟时间倾听孩子的谈话，对孩子的自信心就是极大的鼓励，对孩子的每一点进步加以赞扬和欣赏是使胆小怕事的孩子变得自信的一个有效方法。让孩子帮助父母做一些力所能及的事，如买东西、擦桌子、寄信等，通过这些活动，胆小的孩子会逐渐认识到自己是有能力的，胆子也会越来越大。

6. 给孩子创造一个良好的家庭环境，为孩子做好表率

温馨祥和的家庭气氛，可以让孩子自由自在地成长，并让孩子有充分发挥的余地。父母要从思想上认识到，对孩子溺爱、娇宠，只会造成孩子怯懦、任性的性格，是不利于孩子健康成长的。只要家长端正教育态度，运用正确的教育方法，就一定能改变孩子的胆怯心理，培养出开朗健康的孩子。同时，父母也要以身作则，对周围的事物表现出极大的勇气和魄力，这样，孩子耳濡目染，才能起到良好的教育效果。

第三章
习惯力铸就孩子的高度

有人说："习惯若不是最好的仆人，便是最差的主人。"的确，习惯的力量是巨大的。一个良好的习惯可以导向成功的人生，一个不好的习惯就可能使人一辈子碌碌无为。所以，父母要特别注重对孩子良好习惯的培养，因为习惯成自然，孩子是否拥有良好的习惯，将直接决定着孩子今后人生的走向。

重视对孩子良好生活习惯的培养

习惯的养成有如纺纱，一开始只是一条细细的丝线，随着不断地重复相同的行为，就好像在原来那条丝线上不断缠上一条又一条丝线，最后它便成了一条粗绳，把人们的思想和行为给缠得死死的。

习惯是人成长过程中形成的一种固定的生活、行为方式，它总是在不知不觉中养成的。一旦习惯养成，它就会在无形中支配人的行为，左右人的思想，使人沿着划定的轨道向前走。英国作家查·艾霍尔曾说："有什么样的思想，就有什么样的行为；有什么样的行为，就有什么样的习惯；有什么样的习惯，就有什么样的性格；有什么样的性格，就有什么样的命运。"可见，习惯在人生中的重要价值和意义。

习惯就是一种动作、行为的惯性，经过多次重复后，这种动作、行为就会成为一种习惯，而且将持久地发挥作用。因此，在孩子成长的过程中，父母一定要有意识地着重加强对孩子良好习惯的培养，从而形成孩子积极健康的生活方式。否则，将会给孩子带来难以估计的负面影响和破坏力。

老张是一家土特产品公司的老板，只有初中文化水平的他生活上有个特别的嗜好，就是喜好抽烟喝酒。他平时每天的白酒为一斤半左右，香烟不少于两包。每逢谈生意应酬时，他的酒和烟数都超过这个数目。老张单身汉时，抽烟喝酒毫无节制，结婚以后他仍然保持了这种势头。妻子一开始出于关心还限制他，可经过与他针锋相对地较量了几个回合后，她的努力根本不起任何作用，无奈之下她只有顺其自然。到后来，妻子干脆被他的嗜好同化，竟然时常去给他买烟买酒。

儿子出生后，老张很高兴，从儿子6岁开始，他就经常把儿子带在身边，而且对儿子的学习要求很是严格。可是在一些生活细节上，他却不怎么注意。他时常带着儿子一起出席一些应酬性的酒宴或者是去一些娱乐场所，一点不考虑对孩子的生活行为习惯的影响。后来，儿子渐渐学会了喝酒抽烟。

儿子会抽烟喝酒的事，老张的妻子由开始的发怒到睁一只眼闭一只眼，发展到后来，她渐渐地也不怎么在意了，只是一门心思地关心儿子的学习。

在又一次喝酒过程中，儿子突然倒在酒桌前，几位朋友慌忙把不省人事的儿子送往医院抢救。医生对他的身体作全面检查后，得出诊断结果：他患上了轻微的支气管炎、咽喉炎、胃炎和肺炎等综合征。医生对前来守候的老张夫妻说："你儿子的这种综合征完全是因为长期抽烟喝酒造成的！"听了这样的话，二人都很后悔对儿子的纵容，没有注重对他生活行为习惯的要求和教育

可见，忽视对孩子良好生活习惯的培养是一件多么严重的事。因此，作为父母一定要加强对孩子良好生活习惯的培养，良好的生活习惯不仅可以引导孩子建立起健康的生活方式，还是孩子其他一切活动成功的基础和前提。

但是，很多父母却不怎么重视对孩子生活习惯的引导和教育，只是一味地关心孩子的学习，总感觉孩子还小，生活方面的事情长大了自然也就会自己安排了。其实，学习上良好的习惯不是单一存在的，它与生活习惯是密不可分的。一个做事丢三落四、缺乏条理、不能坚持的孩子，在学习上往往容易出现粗心的问题；一个做事只凭兴趣所至，心血来潮，没有顺序，思考缺乏条理的孩子，学习也不会持之以恒。所以，良好生活习惯的养成不管是对孩子的学习还是对孩子今后的发展都有着不容忽视的作用。有这样一句话——播种行为，收获习惯；播种习惯，收获个性；播种个性，收获命运。因此，父母千万不要忽视孩子生活上的小节，

小节造就个性，个性影响未来。

点迷指津

良好的生活习惯是孩子受益一生的财富，不良的恶习将贻害孩子的一生。因此，培养孩子良好的生活习惯是家庭教育的重要方面。作为父母，一定要注意在日常生活中有意识地引导和教育孩子养成良好的生活习惯。

1. 父母要在家庭创造有序的生活氛围中以身作则

家长是孩子的一面镜子，家长的一举一动、一言一行，家长的人生观、世界观、道德观都会时时刻刻地影响着自己的孩子。如果一个孩子生活在杂乱无章的家庭中，什么东西都可以乱放，没有有序的生活习惯，就会使孩子养成粗心、马虎、无序的生活习惯，做事浮躁，敷衍了事。所以，父母一定要做好孩子的表率，一定要发挥榜样的作用。

父母给孩子的影响是无声无息的，身教胜于言传。比如父母把家里布置得井井有条，每件东西都有固定的地点摆放，孩子耳濡目染之下，良好的生活习惯自然会形成。

2. 从生活小事做起，培养孩子良好的习惯和个性

比如一个女孩，做事细心，能井井有条地安排学习和生活，得到大家的一致赞扬。后来开家长会的时候，有人就问这个孩子的妈妈，孩子的妈妈说每一件小事她都要渗透给孩子做事的方法，比如一年级第一学期，发了新书包书皮，她把和语文相关的书、本、练习册都包成粉色书皮，和数学相关的都包成蓝色的，孩子可能不知道为什么，然后她去引导孩子，让孩子想一想如何又快又好地完成拿书的任务，在班里当第一？每个孩子都有想当第一的想法。这样放书，孩子不用在书包里乱翻，能很快地把书拿出来。所以，生活中要给孩子一些明确的指导，让孩子整理自己的书架、抽屉和房间，做这些事情的过程中，就能够让孩子渐渐地养成良好的生活习惯。

3. 加强对孩子生活细节的引导和约束

在孩子成长的过程中，孩子总是喜欢模仿一些成人的行为，当父母发现孩子有不良行为倾向的时候，一定要及时地给予引导、教育和约束，积极地培养和塑造孩子良好的生活习惯，帮助孩子形成健全而独立的人格。

重视对孩子独立自主意识的培养

独立自主的意识是孩子自我意识的发展和延伸，只有拥有独立自主意识的孩子才是一个完整健全的孩子。在孩子成长的过程中，一味地依赖父母或是父母为孩子包办一切，都会给孩子带来负面的影响，阻碍孩子的成长与成熟。

父母都有保护孩子的本能，一旦孩子有什么问题，父母总是想代替孩子去做。可是，这种没有原则的帮助和替代永远无法让孩子真正地独自面对现实的生活。歌德说过，"谁不能主宰自己，就永远是一个奴隶"，也就是说一个人要有独立的意识，不能什么事情都依赖别人，等待别人来解决。同时，这种独立自主意识的培养过程越早越好。越早培养孩子的独立自主意识，孩子就会更早地确定自身的位置，明确自己的角色，从而更好地运筹和开启今后的人生。

其实，孩子在成长的过程中，碰到的坎坷会很多，也许孩子会摔倒在地碰破了皮，也许会因为伙伴之间的误会而伤心哭泣，也许孩子为某个愿望未实现而灰心失望。父母不可能每时每刻都在关注这些事情，也不可能一直帮助孩子解决遇到的所有问题。因此，父母一定要培养孩子的独立自主能力，让孩子在广阔的天空里学会磨炼自己的翅膀，展翅翱翔。

　　人们经常会看到一些孩子的父母不但每天接送孩子，而且替孩子背书包，一直把孩子送到座位上，甚至就连一个椅垫也要亲自为孩子放好。试想这样的孩子什么时候才能离开父母的照顾，才能真正地独立地面对生活呢？之前，在各大媒体上，人们常常会见到这样的现象：孩子在上中学的时候，妈妈在学校附近租了一间房子照顾孩子的饮食起居，为了让孩子一心一意地学习，母亲就连洗袜子的小事也不让孩子做。后来，孩子考上了重点高中，母亲又随之在高中附近租了一间房子，同样照顾孩子的衣食住行，依然不让孩子做任何事情，孩子也只是一心只读圣贤书，两耳不闻窗外事。最后，孩子终于如愿以偿地考上了大学，母亲这下总算可以歇歇了。没想到，开学不到两个月，孩子就因为自理能力太差而被迫选择了退学。多么惨痛的教训，多么引人深思啊。一个原本美好的心愿就这样被母亲的溺爱给毁掉了。其实大家应该看到，没有父母的帮助，很多情况下，孩子是完全可以自己独立完成和解决问题的。比如在家里平时不会扫地的孩子在学校为了显示他的才能，也渐渐地学会了，平时很淘气的孩子父母不在的时候也可以安静地坐下来上课，等等。所以，很多时候就是因为父母给了孩子太多太多的保护，才让孩子永远也长不大，总也离不开父母的保护伞。

　　什么东西都是要学习才能会的，不给孩子机会锻炼他怎么能会呢？所以，父母从小就应该给孩子一个广阔的空间，即使他们一次做不好，两次做不会，但时间长了，就会发现孩子已经长大了，已经渐渐地学会了很多事情。

　　文章没写好，不是纸和笔的错，而是写书人的错。同样的道理，孩子就像是父母的作品，孩子是否成才，父母起着不可忽视的作用。一位知名教育家曾说：“国家的命运与其说掌握在执政者手里，不如说掌握在父母手里。”孩子的教育和培养是一门很复杂的学问，父母在日常生活以及与孩子的交往中，一定要注重对孩子独立自主意识的培养。

点 迷
指 津

　　有人曾对某小学的学生做过调查：遇到困难怎么办？97%的小学生回答：找父母和老师。在中国，孩子从小到大，处处依赖父母。从幼儿园到上学，孩子依赖父母的照顾习以为常，甚至孩子升学、就业，也是父母走后门、拉关系，奔走操劳，替孩子选学校、选专业、找工作，不辞辛苦，一包到底。等孩子长大成人，父母又要为他们操办婚事，替他们抚养孙辈。父母尽心尽力地"包办"，剥夺了孩子独立面对生活的机会，同时也养成了孩子凡事依赖父母的习惯。

　　在西方国家，父母常常让孩子自己照顾自己。孩子两岁半以后，上厕所都由孩子自己处理。尽管大人事后要检查，但十分注意让孩子自己去做该做的一切。由于他们从小就重视独立精神和独立能力的培养，因此，西方的孩子大多具有较强的独立意识。

　　当孩子还不能完全生活自理时，父母给予孩子生活上的照料，无可厚非，因为做父母的有这种责任和义务。但是，父母还应当明白，照料孩子的目的，不仅仅是为了使孩子生活得舒适、幸福，更重要的是在照料过程中让孩子逐步学会生活自理，进而掌握独立生活的能力。父母处处为孩子大包大揽，一是容易让孩子形成依赖性，使孩子在生活中没有目标，没有动力；二是不利于培养孩子的责任心，在以后的生活中遇到挫折或是失败了，不怨自己，而是怨父母、怨社会；三是缺乏生活自理能力，当孩子长大离开家庭、父母，进入社会独立生活、工作，没有生活自理的能力，孩子会很痛苦；四是会限制孩子正常发展，影响他们的学习和工作，甚至有可能因为缺乏生活自理能力而葬送美好前程。

　　所以，父母应该意识到，正是他们事无巨细地将孩子的一切包办代替，削弱了孩子的独立意识和自立能力，熄灭了孩子的责任感，培养了孩子的各种坏习惯。所以，父母越是不放心，孩子就越是长不大，依赖性就越强；父母对孩子越早放手，孩子就越能及早地成长为一个独立自主的人。

1. 给孩子自由选择的机会

父母不必为孩子安排一切，父母可以把"原料"给孩子，让孩子自己去选择安排。如父母告诉孩子：周六可以看卡通片，可以去公园，可以骑车，搭积木，可以去儿童乐园，只能选两项活动，而且自己安排时间，自己准备活动所需要的东西。看看孩子会怎样做？选择、安排本身既是一种能力又是主体精神，要坚持让孩子对自己的行为作出选择和安排。

有一个聪明的家长，他在孩子很小的时候，就每天给孩子一段自己可以支配的时间，只要不出危险，孩子可以安排最喜欢做的事情。孩子有时去玩，有时读自己喜爱的图书，有时画画……当然，有时也忙来忙去什么也没干成，但是孩子逐渐懂得了珍惜时间，学会了安排计划。

2. 放开手脚，让孩子自己去尝试

没有学步车的年代，婴儿必须克服脚下的困难，蹒跚艰难地迈出第一步。可能会摔倒，但路还得自己走。而今有了学步车，那关键的第一步就被无情地扼杀了。

或者父母可以让孩子独立上下楼梯，父母在其前或其后，但不要牵着孩子的手。父母可以叫他自己到邻居家借东西。有一天孩子迟到时，父母可以让他自己独立走进教室，自己找座位，自己向老师解释。当父母接孩子回家时，可以叫孩子自己找衣服、帽子，自己整理书包。或者，父母可以叫孩子到附近商店买点东西。总之，让孩子在你的目光范围内独立做些事情。

3. 让孩子把握属于孩子自己的机遇

现在，许多家庭对孩子包办过多，往往剥夺了孩子自己选择的权利，也影响了他们学会在关键时刻抓住机遇的能力。

小时候，穿什么衣服由家长选择；上学了，参加什么兴趣小组由家长来选择；高考了，填写什么志愿也由家长来选择。这种"饭来张口，衣来伸手，危险来了让人抱着走"的孩子，即使再聪明，也不会抓住机遇。孩子没有任何主动性，没有一点儿判断力，与机遇往往无缘。要培

养孩子的独立参与意识，鼓励孩子自己去争取机会，鼓励孩子敢于承担责任，敢于挑战，敢于去尝试未曾做过的事情。

4. 让孩子从日常小事做起

穿衣服、洗衣服、扫地、整理房间、整理书包、包书皮，所有这些事情都应逐步交给孩子自己完成。上学、放学接送孩子这项事务，父母也该放手了，如果不是路途特别遥远，父母尽可让孩子自行来去。

5. 让孩子在日常生活中学会自立

让孩子的自我管理能力在日常生活的锻炼中逐步走向完善，使孩子有条理，会安排，巧打算，不仅孩子从小学会了自立，而且也使孩子摆脱了依赖大人的习惯，心理也会健全起来。

6. 让孩子多干些力所能及的活

让孩子多干些力所能及的活，自己管理自己的日常事务，这是孩子能够办到的。虽然有时会引发孩子的不快和怨言，但从长远来看，却非常有利于孩子的发展，父母只要把道理给孩子讲清楚，孩子还是很乐意去做的。

7. 让孩子尝试当家做主

父母总认为孩子年纪太小，许多事情都办不好，因此不愿放手让孩子多干活，唯恐孩子把事情办砸了。其实越是对孩子束手束脚，越会使孩子形成依赖心理。孩子会想："反正做这样的事情轮不到我，我还不如自由自在地玩呢。"

如果孩子时时处处求助于父母，做事毫无主见，孩子的自信心就会丧失殆尽。如果孩子失去了自信，那么孩子就会遇事束手无策。

8. 适当夸夸孩子

当孩子学会处理一件日常事务后，家长应记着夸奖孩子一番："真不错！真能干，是个大人了！"孩子的兴致一定更高。

巧妙拒绝孩子的不合理要求

孩子在成长的过程中，对周围的一切事物都感到新鲜和好奇，有时难免会提出一些不合理的要求和问题。这个时候，父母要就学会一种巧妙的拒绝方式。既不能伤害孩子的自尊心，又不能满足孩子的不合理要求。

孩子就像是一张白纸，很容易染上灰尘。特别是随着孩子年龄的增长，孩子就会慢慢地对周围的事物形成一定的感知，而且外界的事物对孩子而言充满了诱惑。因此，孩子往往会随着年龄的增长而提出一些不合理或者是任性的要求。

一般情况下，父母如果认为孩子的要求是合理的，都会答应孩子提出的要求；如果觉得孩子提出的要求不合理，父母就不应该答应孩子的这些要求。但是，有的父母明知孩子所提出的要求是不合理的，最终还是会答应孩子的要求。或者开始时不答应，而当孩子哭闹或者搬来爷爷奶奶等救兵之后，父母也就答应了孩子的无理要求。其实，这种答应孩子无理要求的做法对孩子是非常有害的。

究其原因，一方面是由于孩子自身在成长的过程中，出现的对外界事物的渴求和占有欲驱使。另一方面，是父母对于孩子的过度放纵和溺爱造成的。特别是现在的孩子大多是独生子女，不管是父母还是祖辈都会以孩子为中心，都会对孩子的要求一一满足。然而，这并不是真爱，而是对孩子极大的伤害。假如父母只是一味溺爱，事事顺从孩子，孩子就会以为父母会满足他的所有要求，甚至认为父母可能有些怕他，所以孩子想怎样就怎样，孩子甚至会无视父母的存在，以自我为中心，变得自私、无理，想干什么就干什么，不懂得与他人合作。另外，在过分溺爱的环境中成长的孩子，性格会变得有缺陷，一旦被人冷落，就会变得绝望、消极、抑郁，缺少社会竞争力。

所以，对孩子的要求不分对错、不加选择地全盘满足，就是对孩子的一种溺爱，一种对孩子成长的摧残。孩子的成长需要一个独立的、时常被否定和有点挫败感的环境，如果孩子的任何要求，父母都一味满足，就会让孩子认为自己无所不能，过高估计自己的能力而受不得一点打击和失败，这样的孩子一旦步入社会，就会很不适应，就会出现这样或那样的极大的问题。其实，溺爱是在让孩子慢性自杀。这样不仅会严重影响孩子的心理承受能力、意志力、抗挫能力，还会模糊对自身的清楚认识，使自己陷入自大、狂妄、自私而偏执的泥坑。因为溺爱往往会造成孩子脆弱的心理承受力。心理承受力差的孩子就很容易被困难压垮，而一个坚强的孩子，往往能在挫折中战胜困难，找到成功的途径。溺爱就像一头怪兽，吞噬着孩子的意志、抗挫折力、勤劳节俭和敬老爱幼的美德、艰苦奋斗的精神以及独立自理的能力。因此，面对孩子越来越多的要求和叛逆性格，父母一定要善于对孩子说"不"，一定要学会拒绝孩子的不合理要求。否则，孩子今后的人生就会毁在父母的手里。

下面，我们看一个家长对对待孩子不合理要求的例子。

"史蒂文，吃饭了。"

"今天吃什么？"

"牛排，蔬菜色拉。"

"妈妈，我要出去吃比萨饼。"史蒂文大叫。

"为什么？"

"我不喜欢吃你做的牛排。我现在就要去，走啊，快点。"

"不行，史蒂文，我太累了。明天再去吧。"

"现在就去！"孩子跺起脚来。

"史蒂文，我今天干的事太多了。我刚打扫了房间，又做了饭，实在太累了。以后有机会再去吃比萨饼，行吗？"

"我现在就要去，现在！"

妈妈继续给史蒂文讲道理，史蒂文根本不听，接着又哭又叫又闹。

最后妈妈让步了，带他去街上吃比萨饼。

可见，有些父母不善于拒绝孩子，总是耐不住要答应孩子的要求，虽然一次两次没什么大的影响，可是一旦孩子的无理要求变成了习惯，就会带来很多的麻烦，就会引发很多的问题。所以，父母千万不要忽视孩子成长的细节，不要放纵孩子的要求，一定要善于拒绝孩子不合理的要求。

点迷 指 津

要想让自己的孩子适应未来，在未来的社会中生存得更好，必须让孩子具备良好的心理素质和抗击打能力，这样才能够经受住外界环境巨大的压力。所以，父母要善于拒绝孩子的不合理要求，一定要根据孩子成长的特点对孩子进行适时的教育，使孩子树立起正确的世界观、人生观、价值观，从而对自己有一个清楚的定位。

父母一方面要杜绝对孩子百依百顺的错误做法，敢于拒绝孩子的不合理要求，敢于对孩子说"不"，做到爱严得当；另一方面，随着孩子年龄的增大，要逐渐淡化父母之爱，逐渐拆除父母这把保护伞。让孩子学会独立地面对生活，让孩子靠自己的努力去实现自己的要求，只有这样，才能使孩子养成坚毅的性格，经得起生活中的各种挫折，真正成长为一个独立而完善的人。

具体来说，父母应该从以下几个方面入手来拒绝孩子的不合理要求。

1. 针对孩子的性格差异来拒绝孩子

作为父母首先要对自己的孩子有一个正确的了解，根据孩子的情况，选择一种合适的方法拒绝孩子的不合理要求。比如有的孩子比较内向，很少向父母提出什么要求。孩子偶尔提出一个要求却是不合理的。这时父母不要马上拒绝，要耐下心来转移话题，从中启发孩子，让孩子自己体会到他的要求不合理，父母不会答应。当然，对一些经常提出一些不合理要求的孩子，父母就应该断然拒绝。并且可以这样对孩子说：下次在提出要求前，希望你想清楚再说。其实，这种孩子很多时候是在试探父母，看父母有什么反应。

2. 适当的挫折教育是非常有必要的

现在，大部分孩子是独生子女，由于方方面面的原因，造成了很多孩子性格上非常软弱。父母要让孩子从家庭中逐渐地懂得，孩子想要的不是什么都能得到。这样当孩子在家庭以外再遇到类似的情况，就不会感到委屈、受不了。父母一味迁就和顺从孩子的不合理要求，实际上是助长孩子的自我意识。这种自我意识的无限膨胀，容易使孩子变得自私自利，完全不懂得对父母的感激，认为一切是理所当然的。因此，父母要培养孩子的受挫能力，让孩子明白，这个世界并非可以为所欲为，人要学会控制自己的欲望，孩子所要的东西不一定都能得到。

3. 让孩子知道适量和满足

当孩子已有了同类需求的许多东西，还要不合理地奢求更多时，父母一定要教育孩子知道凡事适可而止，不能贪得无厌的道理。

重视对孩子的理财教育

理财教育不是向孩子灌输拜金主义，也不是在孩子的心里植入攀比、势利的不良物质观念。理财是一种对金钱的消费和投资，是一种对于金钱的掌控与运筹，良好的理财观念不仅能够使孩子树立起正确的物质消费观，还会为孩子今后参与经济活动打下坚实的基础。

金钱是把双刃剑，越来越富裕的生活本身不会对孩子有害，但是如果缺乏正确价值观的指导，金钱常常扮演着罪恶之手的角色。《富爸爸穷爸爸》的作者罗伯特·清崎说："如果你不教孩子金钱的知识，将会有其他人取代你。"可见，对于财富和金钱的价值和力量的正确认识对孩子的成长是非常重要的。

当今社会，理财教育对于家庭、学校、社会来说，都是一个应该加以重视和关注的现实问题，因为理财素质是当今社会成员立足社会、发展自我、走向成功、获取幸福的必备素质之一。

国外，特别是美国、日本、瑞典和丹麦等国家，都特别重视对孩子从小进行理财教育，而且会通过学校教育、家庭教育和社会教育三条途径相结合来开展。同时学校还会开设一些相关课程，社会中有专门为孩子开设的银行（如美国丹佛专门为青少年开设了一家银行，目前该银行已吸收储户1.7万个，客户年龄平均才9岁，最大的不超过22岁）。家庭方面的理财教育方式更是多样。美国的青少年理财教育还规定了不同年龄段要达到的目标：3岁能够辨认硬币和纸币；4岁知道每枚硬币是多少美分；5岁知道硬币的等价物，知道钱是怎么来的；6岁能找数目不大的钱，能数大量硬币；7岁能看价格标签；8岁知道可以通过做额外工作赚钱，知道把钱存在储蓄账户里；9岁能制订简单的一周开销计划，购物时知道比较价格；10岁懂得每周节约一点钱，以便大笔开销时使用；11岁知道从电视广告中发现事实；12岁能制订并执行两周的开销计划，懂得正确使用一般银行业务中的术语；13岁至高中毕业，尝试进行股票、债券等投资。

但是我国儿童甚至青少年的理财教育却被有意无意地忽视了。在我国，长期以来，不管是在家庭还是在学校中，理财教育一直是个盲点。探究其原因，主要有以下几点：

一方面，即使在经济迅速发展的今天，我们依然受"君子喻于义，小人喻于利"等传统观念的影响，家庭在对下一代的理财教育问题上仍然十分保守。家长普遍认为，孩子在青少年时期应该进行的是有关智力和道德品行教育，而理财教育为时过早，应慢慢来，生怕孩子过早沾上铜臭味，影响其健康成长；更何况一些成人自己对于理财问题也是一塌糊涂，就更不会对下一代在理财方面进行有效的教育了。

一方面，是受我国教育现状的影响。大多数父母的意识中仍顽固地存在着智育第一的认识，普遍认为，只要孩子学习好，考上名牌大学，孩子就能成才了。虽然一些学校也开展了"小银行"、"拒绝压岁钱"、"倡导绿色消费"等活动，家庭也会给孩子一定数量的零花钱，帮助孩子在银行开设账户等，但这些基本都是零散的不成系统的理财教育，随机性较大，无法培养孩子完整的理财素质。

另外，对孩子理财教育的忽视还受父母经济素养不高的影响。现在的父母在其青少年时期都从未接受过理财教育，对理财问题的了解，基本是在成人后"自学成才"的。所以，父母对孩子理财教育问题理所当然地选择了放弃，认为长大后一旦需要自然会形成，不用在孩子青少年时期占用他们宝贵的学习时间。也有的父母认为独生子女的高消费是合情合理的："家里就这么一根独苗，钱不花在他身上花在哪里呢？"其实这种亲情的泛滥直接冲淡了父母对孩子进行理财教育的动机。还有的父母用自身错误的理财观念误导孩子：其一是过分夸大钱的作用，把人生的前途认为是"钱"途，认为孩子将来赚钱越多前途越光明，用这种价值观进行教育，会使孩子产生对金钱的盲目崇拜，而忽视理财能力的培养；其二是过分淡化金钱的作用。一些家长害怕唯利是图和拜金主义的观念在孩子身上蔓延，还是用传统的安贫乐道、苦身度日去教育孩子，或简单地进行淡化金钱的教育，从而无法真正解决孩子面临的金钱问题。

由于以上原因导致社会忽视了对孩子进行系统的理财教育，因为一旦分寸把握不准，就会导致孩子对金钱的片面认识、对生活的片面理解，从而影响孩子的健康成长。同时，学校、家庭理财教育的缺失，使得当前孩子的理财意识淡薄，理财能力缺乏，理财素质差，普遍存在着高消费、乱消费、盲目消费、攀比消费等现象。有少数孩子甚至会由于受不正确的价值观的影响走向犯罪道路。

面对这些日益凸现的现实问题，作为父母，应从孩子小时就重视进行理财教育。因为理财教育的开展，需要家庭、学校和社会互相配合。三者在对孩子进行理财教育时各有优势。家庭是孩子最早开始接触物质金钱的地方，父母是孩子初级社会化中最重要的人，对孩子进行理财教育有其得天独厚的优势。父母本身理财观念与技巧的缺乏并不能成为拒绝开展理财教育的理由，相反，这更应该是坚决支持开展理财教育的重要基础和原因。如果父母不重视对孩子的理财教育，孩子以后很有可能也会像父母那样，缺乏正确的理财观念而使人生受限。

指点迷津

理财观念的教育就是致力于培养孩子的理财商数（简称财商），即FQ，它是继智商、情商后逐渐兴起的一个新词汇。FQ有多高，直接决定了是否能利用好手中拥有的资产，做好资源配置，完成财富累积。不少理财师都指出，培养FQ要从孩子的儿童时代开始，未雨绸缪。只有这样，才能取得最好的效果。

一项调查显示，绝大多数孩子都有零花钱，九成以上的孩子存在乱消费、高消费、理财能力差等问题。然而，很多父母却害怕让孩子过早接触金钱概念而变成小财迷或吝啬鬼。其实，对孩子的财商进行教育，并不是教他去追求金钱，并不是教他只要会赚钱就足够，而是要教给孩子一些最基本的理财知识，让孩子具有理财的观念，很多时候，人缺少的往往不是钱而是一种观念。

对孩子的理财教育，要从小就开始抓起，一般来说5—12岁是儿童理财教育的关键期。在这个阶段，孩子的金钱价值观和消费尚未形成稳定的习惯。财商教育专家认为，如果此时进行理财教育，孩子学会了安排10元钱的用途，到成人时给他10万元、100万元甚至更多的钱，都能游刃有余地处理好。

对孩子的理财教育是一件不能推迟的事情，给予孩子良好的理财教育比给予孩子任何的好东西都有价值、有意义。"授人以鱼，不如授人以渔"。培养孩子的理财观念，帮助孩子建立起正确而科学的理财观念才是父母对孩子最大的爱。对孩子的理财教育大体分三个阶段：

1. 学前期（5岁之前）

此阶段需给孩子传授一些简单知识，切忌灌输太多学前儿童无法理解的抽象概念，此时的孩子只对具体的东西感兴趣。

例如，可以告诉孩子：

（1）虽然一角的硬币比五分的硬币小，但却更值钱。

（2）硬币可以用来换取他们想要的一些其他东西。

（3）电视上的玩具买回家后并不会像电视上那样漂亮，而且也并非那样好玩。

（4）用玩具来存钱会很好玩。

（5）并不是孩子想要的每一样东西都能得到，即使这个东西近在咫尺。

在对孩子进行教育时，父母得考虑他们的年龄。可能父母费尽了口舌，而孩子仍坚持想要那个东西，这没有什么奇怪的。重要的是，要让孩子习惯听到父母说不，并解释为什么。

2. 童年期（6—11岁）

孩子进入童年期后，学习主动性加强，处理有关钱的问题的能力也有所提高。因此，加强对孩子的纪律性及责任感的教育是这一阶段的重要任务，家长应教育孩子：

（1）可以有零花钱，但不可要求预支。

（2）用自己的钱买电影票、零食或游戏卡片。

（3）去超市带上购物清单，挑几件便宜商品。

（4）存在银行的钱，银行不会总为你留着，而会将它放贷出去或进行投资。

（5）并不是孩子想要的每一样东西都能得到，即使这个东西近在咫尺。

3. 青少年期（12—18岁）

这个阶段的孩子已经基本懂事，可以教孩子一些实质性的理财方法：

（1）你即使减少衣着方面的开支，也能穿出自己的风格。

（2）请留心家庭的财务开支，包括孩子上大学的费用。

（3）准备一个账本，学会定期整理，做到收支平衡。

（4）将平时打工挣钱省下一半，来充抵一部分学业开销及今后上大学的费用。

正确认识和对待孩子的拖拉习惯

拖拉是一种不好的习惯，拖拉的孩子不仅给人一种散漫懒怠、没有时间观念和效率意识的感觉，而且久而久之也会使孩子成为一个优柔寡断、办事拖泥带水的人。

拖拉是一种没有时间观念、不讲效率的体现，一个拖拉散漫的人是不会有什么大的发展和突破的。因此父母一定要重视对孩子拖拉行为的认识和纠正，否则，一旦孩子的把拖拉变成了一种习惯，就会因此而失去很多发展腾飞的机遇。

拖拉是孩子在学习和生活中常见的毛病。这种坏习惯是孩子逐渐养成的。家长在纠正孩子拖拉的坏习惯时，一定要找到病因，对症下药，有意识地去训练孩子有效利用时间的能力。

专家认为，小孩子注意力不集中的原因是多方面的，有可能是他们在生活中碰到了不如意的事，或者是跟家长闹矛盾，或者是和同学吵架，或者是因为家庭经济拮据，也有可能是他们对学习不感兴趣……总之，孩子注意力不集中时，他脑中一定有另外一个兴奋点，这就需要父母、老师耐心地观察，从孩子的行为中猜出他们在想什么。

有专家直言孩子太慢，是因为父母将成人节奏变成对孩子的要求，忽视了孩子成长阶段的特性。父母该做的不是逼孩子加快速度，而是自己放松心情，放慢节奏。到底是孩子动作太慢，还是父母太急？所有这些问题都值得各位父母反思。只有找到根本原因，才能对症下药，改掉孩子做事拖拉的坏习惯。

因此，父母一定要正确认识孩子的拖拉行为，清楚拖拉造成的严重后果和不良影响。下面是美国独立战争时期的一个真实故事，这件事情充分说明了拖拉的巨大危害。

曲仑登的司令雷尔叫人送信给恺撒，报告华盛顿已经率领军队渡过特拉华河。但当信使把信送给恺撒时，他正在和朋友们玩牌，就把那封信放在自己的衣袋里，说是等牌玩完后再去阅读。等他读完信后，他才知道大事不妙，然而，等他去召集军队的时候，就已经太晚了。最后他全军被俘，连自己的性命也丧失在敌人的手中。

可见，拖拉有多么大的危害和负面影响，喜欢拖拉的人总是会找各种各样的借口和理由，借故拖延。所以，作为父母只要清楚地知道孩子拖拉的借口和理由，然后对症下药就能起到非常好的教育和引导效果。

孩子拖拉的借口主要有以下几个方面：就是做某件事情太花时间；某件事情还早得很，还有很多时间去做；某件事情不重要，不值得自己花时间去做；没有兴趣去做；没有确定完成工作的最后期限；看不到某件事情现在对自己有什么好处。

通常，这样的一些事情常会被拖延：

一是没有兴趣做的事情。

比如有些孩子不愿做作业，因为对做作业没有兴趣。

二是不愉快的事情。

如有些孩子牙痛久拖不去看牙医，是因为对拔牙有畏惧感。

三是困难的、可能招致失败的事情。

比如，一个孩子意识到自己由于不努力学习，可能无法通过某一门功课的考试，会受到父母和老师的批评和训斥。面对这种情况，孩子会怎么做？孩子自然会想拖着不去参加考试，因为，对大多数人来说，"不做"比"不能"更容易让自己坦然。

指点迷津

拖拉是一种办事效率低、没有时间概念的行为，是一种必须得到纠正的习惯。具体来说，父母应该如何纠正和改善孩子的拖拉行为呢？

1. 帮孩子认识时间的价值，制订互相监督计划

孩子做事磨蹭很大程度上也因为孩子还没有时间观念，孩子不知道时间对孩子来讲意味着什么，因此，培养时间意识对磨蹭的孩子来说是至关重要的。家长要想办法使孩子认识到时间是世界上最宝贵的财富，要想办法让孩子明白珍惜时间就是珍惜生命的道理。可以给孩子讲一些古往今来的成功人士十分珍惜时间的故事，还可以在孩子的卧室里张贴一些名言警句来提醒孩子。另外，与孩子一起讨论磨蹭的害处也必不可少。父母要明确向孩子指出磨蹭是有害一生的坏习惯，一个做事磨磨蹭蹭的人会白白浪费许多时间，这样的人不仅做事效率不高，而且还会被现代社会所淘汰。

要帮孩子认识磨蹭给他自己和父母都带来不好的后果，让孩子接受意见并表示愿意改正。接着，与孩子一起制订一个互相监督的计划，让孩子监督自己有没有磨蹭现象记录结果并及时报告。双方一起制订生活日程表，记录每天早晨穿衣、洗漱、吃饭等所用的时间，一段时间后看有没有进步（为了维护孩子的积极性，父母常让孩子赢），孩子为自己的进步而高兴，就会主动加快自己的做事速度，时间观念也会加强。

2. 停止催促，坚持表扬，多一些鼓励和奖赏。

孩子做事情磨蹭的时候，很多家长喜欢喊，不断地催促，结果是越催促孩子的动作越慢，家长就更生气。父母应该换一个思路：发现孩子做某件事情的速度快时就表扬。表扬和鼓励比批评和指责能更能有效地激发孩子的积极动机。孩子受到的表扬越多，对自己的期望也就越高。一般的孩子都较为看重来自外界的承认或认同，所以，要想让孩子不再那么磨蹭，父母改变对孩子的评价是必须的。如果父母能经常对孩子说，"你如果再快一点儿就更出色了"，"你现在比过去有进步了"，"你看你做得多快"，"做得真棒，加油啊"，"真好，现在用不着老提醒你了"，孩子便会受到正面的外部刺激，而这些真诚的鼓励是能够打动孩子的。孩子为了不让父母失望，下次做事就会有意识地提醒自己快点儿。另外，为了使孩子更有动力，当孩子做事的速度比以前加快时，或者当孩子达到了父母的要求时，父母还可以适当地给予一些物质奖励，比如给孩子

加一个小红星，带孩子外出游玩，给孩子买他想要的玩具等等。用鼓励和奖赏来"催"孩子做事，往往能够收到很好的效果。

3. 让磨蹭付出代价。

孩子只有在体会到磨蹭会给自己带来损失之后，他才能够自觉地快起来，因此，让孩子为自己的磨蹭付出代价，让孩子自己去品尝磨蹭的自然后果，不失为一个改掉孩子磨蹭毛病的好方法。比方说孩子早晨起床后磨磨蹭蹭的，家长不要急，也不要去帮孩子，可以提醒孩子一下"再不快点可要迟到了"，如果孩子依然在那里磨磨蹭蹭的，不妨任由孩子去，不必担心孩子上学会迟到，其实父母恰恰就是要让孩子亲身体验上学迟到的后果。孩子如果真的迟到了，老师肯定会询问孩子迟到的原因，孩子挨了批评后，就会认识到磨蹭给自己带来的害处，孩子自然就会自己加快速度。

4. 不能责备打骂孩子。

当孩子做事磨蹭时，一些家长会表现得比较性急，加大嗓门冲孩子嚷，对孩子不停地责备，有的甚至打骂孩子。可是，许多时候这些简单、粗暴的方式并起不了多少作用。孩子看上去暂时好像是被吓住了，做事的速度加快了一点，一旦事件平息之后，孩子照样磨蹭。其实，对于孩子做事磨蹭，父母采用发脾气的办法是于事无补的。比如有的时候孩子做一件事比较慢，可能是这件事对于孩子来说难度较大，可能是孩子不知道其中做得更快的要领，也可能是孩子已经养成了磨蹭的习惯，这时如果父母再在一旁火冒三丈，孩子便会越发不知所措，做事的速度反而变得更慢了。另外，对孩子采用过激的态度和行为还有可能造成孩子的逆反心理。孩子年龄虽小但也需要得到尊重，面对父母发脾气、责备和打骂，孩子的心里感觉一定不好，有时孩子就有可能采取不理不睬的态度，或者干脆故意拖延时间来表示对父母的反抗。

5. 让孩子觉得"快得值"，节约的时间由孩子自由支配。

孩子只有感觉到做事快对自己是有好处的，感觉到做事快是值得的，孩子的动作才能够快得起来。比如做作业磨蹭的问题，许多父母望子成龙心切，总希望自己的孩子学得多一些，玩得少一些，最好是一点都不要玩，在孩子完成了学习任务之后，经常给孩子增加额外的任务，老师布置的作业做完了，父母的一大堆作业还在那里等着，所有的作业都做完了，还有画画、拉琴等许多事情需要孩子去完成，孩子心里很不情愿，但是父命难违，于是就想出了磨蹭的招数。孩子自己有一笔账：我做得越快任务越多，反正也不能出去玩，不如索性做得慢一点，起码可以省点力气。这个问题解决的最好方式就是，不要老对孩子层层加码，要把孩子节约出来的时间还给孩子，在孩子较快完成了任务之后，就要给孩子自由安排时间的权力，孩子可以用省下来的时间做一些自己感兴趣的事情。

6. 增加计时性活动，增加紧迫感。

缺乏适度的紧张感是许多孩子做事磨蹭的重要原因，所以，父母可以在孩子的生活中制造点紧张的气氛，让孩子的神经绷紧一些，使孩子的生活节奏加快一些。根据孩子的具体情况，可以给孩子的洗漱、穿衣、吃饭和做作业等增加些计时性活动。做某件事情，需要多长时间，然后要求孩子在规定的时间里保质保量地完成，孩子做得好就给予一定的奖励，做得不好就给予一定的惩罚。如父母与孩子一起评价，调整要求，下一次做得更好。在开始设计时间的时候，父母要及时核对。孩子做事，父母为孩子计时，告诉并夸奖孩子今天比昨天又快了几分钟。这样，孩子会有很高的积极性。对于低龄的孩子来说，如果家长跟孩子一起进行计时阅读、计时记忆、计时答题、计时劳动的小竞赛，会有更好的效果。

7. 利用速度测定法，感受"我可以快"。

记录单位时间里（如5分钟）能写多少个字，能做几道题目。然后算一算按这样的速度，做完所有的作业需要多长时间，结果肯定会使孩子惊讶：我能这么快完成呀！并且让孩子认识到快得值得。

8. 坚持原则。

该是孩子力所能及的事情一定要他自己做，不要让他养成投机取巧的心理。例如，本来是要求孩子自己收拾玩具的，但孩子在那里磨蹭，想等着父母做。结果父母看不下去，骂几句之后，还是帮他收拾。这样是不会有任何教育效果的。

9. 为孩子营造一个集中注意力的环境。

不是所有的磨蹭都是故意的，很多孩子做事拖拉、磨蹭，是因为注意力不集中造成的。孩子的注意力很容易受到周围环境的影响，旁边有什么好玩的事就会让他忘记在做的事情。孩子在学习的时候，要把写字台上与学习无关的东西都收起来。尽量给孩子一个独立、安静的空间学习，在孩子写作业的时候，如果父母在看电视，请将音量调小一些；家里有客人或父母在一起交谈，声音尽量小一些，或者在一个隔音比较好的房间里，不要让孩子受到声音干扰。

父母不要干扰孩子的学习思路和专注力。有些父母对孩子不放心，在孩子写作业的时候总要去看一看孩子是不是又在玩；或者是在一旁帮孩子检查作业，一发现错误，就说孩子这道题做错了，也不顾孩子正在写其他作业。这样很容易让孩子受到影响，无法专心写作业。父母一定要告诉孩子相信自己能够很好很快地完成作业，并且放手让孩子独立完成作业。

10. 检视家庭的教育环境，及时调整教育方式。

一些孩子做事拖拉，根本源于家庭教育环境的不当和良好教育方式的缺失。在日常生活中，一些父母对孩子过于溺爱，凡事都依着孩子，孩子开始出现做事磨蹭的迹象时，父母也没有及时采取措施帮助孩子纠正坏毛病。同时，一些父母自身做事不遵守时间规则，也在无形中影响了孩子的行为习惯。

因而，要帮助孩子纠正做事拖拉的毛病，首先父母要从自身的家庭教育方式上找原因，在家庭生活中，要以身作则，自身一定不要有做事拖拉的毛病，只有这样，才能给孩子良好的教育环境。

11. 学习的榜样很重要。

在成长的过程中，孩子们一般都很喜欢与榜样作对比，父母要充分利用这一点。要在现实生活中给孩子找一个学习的榜样。这种标杆式的榜样可以是一些英雄人物，也可以是周围的小孩子。在平时的教育中，一定要拿出榜样，告诉孩子，榜样人物之所以得到大家的喜爱，是因为他们有时间观念，办事不拖拉。经常以榜样的事迹来教育孩子，对纠正孩子的拖拉毛病有一定的作用。

12. 一分钟专项训练，让孩子感受一分钟可以做多少事

(1) 训练孩子专心做题。每天准备几十个简单的加减法口算题（年级不同，难度不同），规定一分钟，看孩子最多能做多少道题目。让孩子感受到一分钟都能做多少事。

(2) 一分钟写汉字训练。找一些笔画和书写难度相当的生字，看孩子在一分钟内最多能写出多少个字。记下每次的情况，并进行对比。

(3) 一分钟写数字训练。每天让孩子练习一分钟数字的快速书写。写一分钟算一次，看一次能写几组，随着写的组数越来越多，孩子的书写速度变快，更能感到一分钟能做这么多事。

(4) 一分钟记单词，并把每次的记忆效果记录下来，形成对比，用成就感促孩子进步。

正确认识和对待孩子的小偷小摸行为

在孩子成长的过程中，孩子有时会出现一些小偷小摸的行为，这时如果父母不能正确认识和对待孩子的这种行为，就很可能使孩子误入歧途，成为孩子一生的污点。

孩子的小偷小摸是一种比较严重的不良行为，父母如果不能及时纠正而使其成为习惯的话，孩子长大以后就有可能进一步发展而走上犯罪道路，不但危害社会，也会毁掉孩子的一生。所以，父母一定要正确认识和对待孩子的小偷小摸行为，一定不要对孩子的小偷小摸行为掉以轻心。

杨杨已经7岁了，每天早上上学时总看见母亲从床头柜的小抽屉里拿钱出来放在自己的小包包里，然后锁上抽屉送他去上学。开始时，杨

杨心里有些好奇，不知道妈妈为什么要把小抽屉锁上，总想看一看抽屉里究竟装的是一些什么好东西。有一个星期天，妈妈从抽屉里拿了钱就上街买菜去了，没有及时将小抽屉上锁，杨杨发现后，趁妈妈不在的时候打开了小抽屉，发现里面有好多好多的钱，而且都是一些红红的百元大钞票。于是心想，妈妈的抽屉里锁着这么多的钱，而自己找妈妈要钱的时候，妈妈却总是只给自己1元钱，最多的时候才给5元钱，而别的同学总是比自己的钱多，就觉得妈妈太小气。一次学校组织他们去春游，同班的小丽就当着自己的面从她的小钱包里拿出一张红红的百元大钞票，买了好多好多好吃的东西，杨杨心里好不羡慕。今天看到妈妈的抽屉里有这么多的钱，不由得心里痒痒的，心想，妈妈有这么多的钱，我拿一张和小丽比一比。妈妈肯定不会知道。于是，从抽屉里拿了一张百元大钞票放在了自己的小钱包里，以后，杨杨常常在学校里和别的同学比。别的同学买东西，他也买，有时候为了显示自己比别人有钱，还经常买东西给同学吃，钱用完了，就又趁妈妈抽屉没上锁时，悄悄地从里面拿出一张。杨杨的妈妈虽然发现抽屉的钱少了，有时候也怀疑是杨杨拿了，但从来没有说过杨杨，结果杨杨的胆子越来越大，有时候竟然从中拿两张。

小偷小摸行为在孩子中并非少见，很多孩子之所以会出现小偷小摸行为大多出于孩子的占有欲。在孩子成长的过程中，孩子的自我意识和独立精神逐渐萌生并发展，孩子就会常常以自我为中心，喜欢站在自己的角度来思考问题。孩子只知道自己喜欢的东西可以给自己带来快乐，但是意识里却缺少东西的归属概念，并不认为拿别人的东西是不好的行为。并且，大多数孩子都是独生子女，生活条件很好，父母会满足孩子的绝大部分要求。如果孩子的某种欲望在父母那里没有得到满足，那么也会出现小偷小摸的行为。同时，有的父母给孩子的零花钱少，孩子看着身边的小伙伴零花钱那么多，支配钱的欲望就会膨胀，这在一定程度上也促使孩子小偷小摸行为的发生。

孩子的小偷小摸行为也是孩子的冒险心理在作祟。孩子对于未知的世界和事物都充满了向往和探究的心理，对新鲜的事物都极度地希望去尝试、去经历，然而在孩子幼小的心灵里，还没有明确的是非观念和对错标准，因此常常会用一种冒险的心态去体验一些没有接触过的事物，因此，孩子就会出现小偷小摸行为。一旦这种行为没有得到及时的纠正和教育，孩子在小偷小摸中尝到了冒险带来的兴奋与满足感，就会更加的肆无忌惮而愈演愈烈。

此外，孩子的小偷小摸行为也离不开后天的成长环境以及家庭的教育。有的父母爱贪小便宜，把单位的公物或别人的东西往家里拿，还向孩子吹嘘，孩子受到耳濡目染，便跟着仿效，由逃票、拾到东西不还，慢慢发展到小偷小摸；有的父母发现孩子花钱大手大脚，钱来路不明，也不深究，甚至看到孩子从外面拿东西回来，反而赞扬孩子头脑灵活，父母受到鼓励，便一发不可收拾，最后养成了习惯化的行为方式。到了这时，父母才感到性质的严重，却又简单地棍棒相加，或赶出家门，结果不但于事无补，反而造成孩子其他更为严重的恶行。

点迷指津

勿以恶小而为之。孩子小时候的小偷小摸行为如果得不到有效控制，就很有可能发展成偷窃行为。一旦发现孩子有小偷小摸的行为，父母不要过于愤怒和随便夸大事实，更不能不问缘由地给孩子贴上小偷的标签，当然也不能对这种行为放任不管。在处理孩子小偷小摸的行为上，只要父母的教育方式得当，孩子小偷小摸的坏习惯就会得到很好的纠正。

那么，父母应该如何纠正孩子的小偷小摸行为呢？

1. 培养是非观念，增强是非感

孩子存在小偷小摸的行为是因为孩子缺乏正确的道德观念，无法分辨自己行为的对与错。因此，父母要想纠正孩子小偷小摸的行为，必须帮助孩子树立正确的是非观念。

勤勤今年4岁了，一直是个乖巧的女孩。有一次，妈妈带她去买糖果，等妈妈付完钱走出商店，勤勤伸开手，给妈妈看自己手里的糖果。

妈妈意识到这是她刚才在商店里偷拿的，就很严肃地批评了她，告诉她不付钱就拿东西是不正确的行为。从那之后，孩子就知道了乱拿别人的东西是不对的。

父母必须从孩子现有的实际情况出发，考虑到孩子的身心发展特点和认知水平，逐步提高孩子的是非观念。父母要让孩子懂得，小偷小摸是一种不良的行为，今日小偷小摸，将来就有可能大偷大摸，甚至误入犯罪的歧途。通过反复教育来培养孩子的是非观，帮孩子树立正确的价值观。

2. 建立信心，保护自尊心

父母应保护孩子的自尊心，努力把他们从歧途上拉回来，否则他们会是非不分，破罐破摔。父母应从尊重、爱护的真诚愿望出发，尽量挖掘孩子身上的优点，多采用赞许、表扬、信任、奖励的方法，点燃孩子的自尊心，唤起他们的荣誉感，消除对抗情绪，树立上进的信心。

3. 创造醒悟机会，促进心理转变

一个犯错误的孩子，在经过教育之后，认识错误，并愿意改正错误，称之为醒悟。父母应为有偷窃行为的孩子提供醒悟的机会。要动之以情，晓之以理，加强诱导。一旦发现孩子有改正的苗子，家长要及时给予肯定，使孩子转变。

4. 增强孩子的抗诱惑力

孩子身心发展的特点决定了他们自制力差，抵制诱惑的能力也较低。看到别人有好东西时，如果控制不了自己的占有欲，就会出现小偷小摸的行为。父母要教育孩子拴住欲望的缰绳，做有自控能力的孩子，要帮助孩子树立不是自己的东西即使再好也不能拿的思想。

有小偷小摸习惯的孩子在接受父母的教育之后，坏习惯会得到有效的控制，但是在孩子新的习惯还没巩固之前，当发现有小偷小摸的机会时，又会不由自主地将父母的教育抛到一边。因此，父母要帮助孩子增强自制力。

5. 帮助孩子建立物权观念

许多孩子缺乏对物品所有权的认识。孩子对物品所有权没有正确的理解，也就不能分清别人的和自己的物品有什么区别，从而无法意识到自己的行为属于小偷小摸行为。父母要给孩子必要的指导，帮助孩子尽早建立所有权的概念。

要让孩子搞清楚物品所有权，不是光靠讲道理就能让孩子明白的，还要从实际生活中对孩子进行教育。比如，妈妈想看看孩子的书，就要向孩子"借"；孩子对爸爸的乒乓球拍感兴趣时，也不要忘了告诉孩子这是爸爸的东西，用完之后要物归原主。在点滴的教育之中，孩子就会明白要尊重别人物品的所有权。

6. 给孩子适当的零花钱

有的父母不给孩子零花钱或是给孩子的零花钱较少，孩子看见别的小朋友能够灵活地支配手里的零花钱，就会产生羡慕之情，打起小偷小摸的主意来。

给孩子适当的零花钱，孩子会感到温暖。父母给孩子零花钱的数目要和其他的孩子差不多，就会让孩子心里感到平衡。同时孩子手里有了零花钱，就可以买自己想要的东西，就不会对别人的东西眼红，从而远离小偷小摸的坏念头。

7. 父母要起到表率作用

从孩子懂事时起，父母就要结合具体事例，培养孩子做到关心别人，体贴别人，建立不贪小、不自私的好习惯，以增强抵制不良行为的免疫力。在这方面父母必须以身作则，起示范的作用。

8. 和孩子多沟通

和孩子一起谈谈孩子想要什么，怎样能得到它。父母可以把孩子一直渴望得到的东西列到孩子的"生日礼物向往清单"中，告诉孩子可以通过攒下每月的零用钱，或者做些额外的家务挣些零用钱来买想要的东西。例如，4岁的毛毛在超市里看到了自己一直喜欢的火车玩具，就偷偷将它放进了自己的小书包。爸爸发现以后，让毛毛把玩具还回去。然后，爸爸提醒毛毛他还有春节时得到的100元压岁钱，这笔钱足够让他买这个火车玩具了。最后和毛毛一起去结账，买回这个孩子渴望已久的玩具。

正确认识和对待孩子的赌博行为

在孩子成长的过程中，特别是青少年时期的有些孩子会沾染上赌博的恶习，父母如果不能正确认识赌博的危害并及时地制止和管教，就会使孩子滑入罪恶的深渊。

赌博行为是一个摧毁人意志力和上进心的恶习。一个迷恋赌博的人必定是一个好逸恶劳、喜欢投机取巧以期不劳而获的人。在赌博的过程中，他们就会患得患失，总想千方百计地赢取他人的钱财，最后以致于亲朋好友也会暗下戈矛，如同仇敌。同时，赌博行为也会使人产生贪欲，久而久之就会使人们的世界观、人生观、价值观发生扭曲，社会责任感、耻辱感、自尊心受到削弱，甚至会为了赌博而走上违法犯罪的道路。

尤其是对于孩子来说，正处于一个成长的关键期，如果沾染上赌博的恶习就会给孩子的成长带来极大的危害。

绝大多数情况，孩子对于赌博是一种模糊而糊涂的认识，往往认为下注小，只不过是玩玩，不算违法。同时看到各类成年人都在赌，有时想，父母也在打麻将，没有什么特别的。可见，孩子缺乏对赌博的准确认识，也不知道赌博的危害性和严重性。也正是在这样错误认识的影响下，使孩子逐渐走上赌博道路。

赌博是一种比输赢的带有智力性的游戏行为。无论是麻将、扑克还是其他赌博方法，都充满着竞争性。赌博对孩子危害性是非常大的。为了输赢，等待时的焦急万分，猜测决定时的疑虑重重；打错牌时顿足捶胸，占了优势时神采飞扬；最后赢家哈哈大笑，输者垂头丧气。有的因赌博结成朋友，讲哥们义气；有的因赌博反目成仇，打架斗殴。

孩子赌博动机基本上可以归纳为以下几类：

1. 好奇心

好奇心往往促使孩子去接触一些新鲜的事物，去模仿一些成人的行为。不管这种行为是否正确，是否应该效仿，好奇心都会没有选择性地去附和，因此好奇心成为孩子开始赌博的动机

2. 寻求刺激

赌博对一些孩子来说，不仅是物质刺激，而且是精神刺激，对孩子具有磁铁般的吸引力。

3. 逃避和消遣的需要

有些孩子缺乏高尚的情趣，空闲时间无聊，有时逃学出来，稍不注意就会热衷于赌博活动。

4. 竞争心

争高低、图输赢是孩子赌博一次又一次继续下去的动机。

在生活中，能时常看到，参赌者意志薄弱的缺点特别明显。即使在应当做作业、复习功课的情况下，或者是应该回家的时候，只要碰到同伙一招手、一鼓动，就忍不住了，就什么都忘了，就跟着去赌。某中学有个初二学生对赌博的害处有了一定认识,在老师和家长的教育下，他写了保证书表示决不再赌。有一次放学较早，他在街上一个角落看见几个少年正在赌扑克牌，他就站在背后看了起来，心想：我不去玩，看看总不要紧吧！看了一会，他觉得那个小男孩并不会打牌，好几个牌都打错了，心中可惜起来，嘴上不免嘀咕着：怎么搞的？那男孩就站起来拍着他肩膀说：我是不行，你来玩玩吧！另外几个人带着小看他的眼光说：你来又怎么样？谁怕谁呢？这么几下子真把他惹火了，他一坐下来就玩了几个小时。在回家的路上，他才后悔起来：说不玩的，怎么又玩了呢？孩子戒赌，由于意志方面的原因，不是一下子能轻易改掉的，通常是会有反复的。

在现实生活中，有的父母只顾自己，不关心孩子成长，放任孩子自由发展，认为"树高自然直"，平时只管孩子的吃穿，把教育的责任完全推给社会和学校，对子女的事情漠不关心，更不用说感情交流。这样的

家庭中，父母与孩子往往容易产生感情上的隔膜，孩子经常会感到孤独无依，生活空虚，无所寄托，常常混迹于街头巷尾，很容易染上偷、赌等不良行为，走上违法之路。

中学生大伟的父母喜欢打麻将，几乎每天都请一帮赌友到家里玩。耳濡目染，大伟也开始对麻将感兴趣，心思也不在学习上了。放学回家大伟总要在旁边看上一会儿，还不时发表一下"高见"。后来渐渐发展到了在"三缺一"的情况下他也能"独当一面"。父母忙于打牌，有时就随便给他一些钱，让他自已在外面吃饭。

没有了父母的管教，大伟也开始模仿成人玩起了扑克。放学后，他常约同学躲到偏僻的角落打扑克。刚开始，他和同学只赌一些学习用品，后来赌十元八元的零花钱，再后来赌资越来越大，动辄50元、100元。大伟开始向父母说谎骗钱，甚至从家里偷钱。大伟已无心学习，成绩也每况愈下。他只盼着每天放学后能多赢些钱。终于有一次当大伟和同学在一个胡同的角落里玩得兴致正高时，被巡逻的治安民警逮了个正着。

另一方面，有的父母过分地娇惯、溺爱孩子，对孩子的任何要求都给予充分的满足，而不管这种要求是否合理，甚至当孩子犯了错误时也不予批评教育，反而袒护、包庇。在父母无节制的溺爱中成长的孩子，极易养成自私、固执、蛮横的性格，这样的孩子，一旦他们的需要得不到满足，就会以违法的方式来达到目的。

事实证明，孩子参与赌博会造成学习成绩不同程度的下降，陷得越深，下降得就越厉害。赌博会严重损害孩子的身心健康，使得孩子道德品质下降，因此父母应该多关注、引导、教育孩子，避免孩子沾染上赌博的恶习。

点迷指津

家庭是人生的第一个驿站，父母是孩子的第一任教师。孩子能否健康成长很大程度上就取决于父母对于孩子的教育和引导。所以，一些孩子之所以陷入违法犯罪的泥坑，除孩子自身的思想品德、文化修养等社会方面的原因外，家庭教育的不当也是一个非常重要的客观因素。据有关部门对 223 名失足少年的家庭作的调查，其结果表明，明显因家庭因素导致违法犯罪的有 95 名，占 40.7%，其中粗暴型家庭占 10.6%，残缺型家庭占 15.8%，父母一方或双方有违法行为的家庭占 18.9%，溺爱家庭占 54.7%，可见家庭教育的优与劣，对孩子的健康成长起着多么重要的影响。

对于孩子的赌博行为，父母要正确认识和对待，只要父母及时发现并采取积极有效的教育引导方式，就一定能够使孩子摆脱赌博的恶习，拥有一个美好的未来。

1. 加强家庭教育质量

父母既要避免简单粗暴，又要避免放纵和娇惯，防止孩子思想、心理畸形发展。作为父母应当提高自己的文化修养，增强法律意识，同时加强同孩子之间的情感沟通，在言行上为孩子树立好的榜样，积极了解孩子思想、心理发展的情况，努力提高家庭教育质量。

2. 转变教育观念

为了使孩子能健康全面地发展，父母应注重素质教育。保证孩子德、智、体、美、劳全面发展。针对目前德育工作的薄弱，应加强思想道德教育、法制教育、情感教育、心理健康教育等德育工作，树立孩子正确的人生观和价值观。

3. 进行理想信念教育

在为孩子提供良好的物质生活条件时，父母还要花大力气抓孩子的道德教育与思想教育，防止孩子产生道德信仰危机和精神空虚。

4. 让孩子养成良好的心理品质

根据孩子的心理品质和个性，父母要有有意识地增强孩子对各种挫折的心理承受能力，养成忍耐、吃苦、顽强、自信、不怕逆境、不怕挫折的良好品质，增强抵御各种不良诱惑的能力。同时根据孩子求知欲强，模仿能力强的特点，采取科学手段，及时加以教育疏导，提高他们对是非的分辨能力。

第四章
自信力支撑孩子的未来

　　自信力是一粒有生命的种子，它深藏在人的心里，随时都可能发芽，并开出绚烂夺目的花朵。特别是对于孩子而言，各方面还都不成熟、不健全，更需要自信力的注入，更需要自信力来夯实孩子成长的根基。因此，在孩子成长的过程中，父母一定要注重对孩子自信力的培养和教育，塑造孩子强大的内心。

重视对孩子自信力的培养

自信力是坚实的足迹，拥有自信力的人敢于尝试、敢于突破、实现自己的愿望。对于孩子来说，自信力就像是一颗拥有无限能量聚宝盆，拥有了它也就能创造任何奇迹。

自信力是暗夜中的灯光，它时刻照亮着人生的大道；自信力是一种巨大的力量，它能产生无与伦比的冲击力。尤其是对于孩子来说，在成长的过程中，更需要一种积极进取而充满自信的姿态，需要一种搏击长空、毫无惧色的气韵，然而这一切的一切，都来自于自信。自信力是就是一块力量的沃土，就是孕育力量的温床，只有具有自信力的人才能最终成就自己的未来。

自信是一种对自己的信心，一种对成功的把握、对目标的运筹，是孩子成长、成熟的内在支撑力。一个拥有自信的人才能充满力量，才是一个有资本去赢得成功的人。因此，父母一定要从小就注重对孩子自信力的教育和培养，使孩子真正成为一个内心强大的人，一个无畏而充满希望的人。

自信也不是生来就有的，它也是一点一滴地积累得来的，也是要靠生活的积累以及良好的心理积淀才形成的，所以，父母从小就要注重对孩子自信力的培养和与引导。只有父母有意识地积极地引导孩子的自信力，孩子就会因此而迸发出极大的创造力。

美国著名心理医生基恩博士常跟病人讲起小时候他经历过的一件触

动心灵的故事。

一天，几个白人小孩正在公园里玩。这时，一位卖氢气球的老人推着货车进了公园。白人小孩一窝蜂地跑了过去，每人买了一个，兴高采烈地追逐着放飞在天空中的色彩艳丽的氢气球。

在公园的一个角落里躺着一个黑人小孩，他羡慕地看着白人小孩在嬉笑，他不敢过去和他们一起玩，因为自卑。

白人小孩的身影消失后，他才怯生生地走到老人的货车旁，用略带恳求的语气问道："您可以卖一个气球给我吗？"老人用慈祥的目光打量了一下他，温和地说："当然可以。你要一个什么颜色的？"

小孩鼓起勇气回答说："我要一个黑色的。"脸上写满沧桑的老人惊诧地看了看小孩，旋即给了他一个黑色的氢气球。

小孩开心地拿过气球，小手一松，黑气球在微风中冉冉升起，在蓝天白云的映衬下形成了一道别致的风景。

老人一边眯着眼睛看着气球上升，一边用手轻轻地拍了拍小孩的肩膀，说："记住，气球能不能升起，不是因为它的颜色，而是气球内是否充满了氢气；一个人的成败不是因为种族和出身，关键是你的心中有没有自信。"

那个黑人小孩便是爱尔兰著名足球前锋基恩。

所以说，自信是成功的基石，是一个人对自身力量的认识和充分估计，是孩子成长过程中的精神核心，是一种良好的心理品质，也是一个人克服困难、自强不息、取得成功的内动力。谁拥有自信，谁就成功了一半。

在孩子小的时候，他人的一句激励或是表扬的话很可能就会改变他的一生。从某种意义上说，这种激励或表扬其实表达的就是对孩子的一种期许，一种肯定。这种期许和肯定会逐渐地转化为孩子自身的内在力，促使孩子成为一个充满自信而全力以赴的人。如果父母对孩子缺乏必要的期待和激励，就会使孩子很难找到自己的位置，也就很难建立起自己的自信，实现自己的突破和发展。

在教育学和心理学上有一个著名的实验，这个实验是由美国著名的心理学家罗森塔尔教授设计完成的。

他把一群小白鼠随机地分成两组：A 组和 B 组，并且告诉 A 组的饲养员说，这一组的老鼠非常聪明；同时又告诉 B 组的饲养员说他这一组的老鼠智力一般。几个月后，教授对这两组的老鼠进行穿越迷宫的测试，发现 A 组的老鼠竟然真的比 B 组的老鼠聪明，它们能够先走出迷宫并找到食物。

于是，罗森塔尔教授得到了启发，他想这种效应能不能也发生在人的身上呢？他来到了一所普通中学，在一个班里随便地走了一圈，然后就在学生名单上圈了几个名字，告诉他们的老师说，这几个学生智商很高，很聪明。过了一段时间，教授又来到这所中学，奇迹又发生了，那几个被他选出的学生现在真的成了班上的佼佼者。罗森塔尔教授这时才对他们的老师说，自己对这几个学生一点也不了解，这让老师们很是意外。

为什么会出现这种现象呢？原因是"期望"这一神奇的魔力在发挥着作用。罗森塔尔教授是著名的心理学家，在人们心中有很高的权威。老师们对他的话都深信不疑，因此对他指出的那几个学生产生了积极的期望，像对待聪明孩子那样对待他们；而这几个学生也感受到了这种期望，认为自己也是聪明的，从而提高了自信心，提高了对自己的要求标准，最终他们真的成了优秀的学生。

这就是著名的"罗森塔尔效应"。它有力地说明了，孩子自信力的建立需要父母积极地去引导和激励。如果父母忽视这一点，孩子很可能就会有不一样的人生。

此外，影响孩子自信力建立的因素还有家庭的氛围和父母的潜在影响。

孩子大多数时间都和父母在一起，因此孩子的自信也大都来自父母。孩子往往根据父母对自己的评价来进行自我评价。家长的不信任以及消极的评价都会给孩子带来巨大的影响。

父母对子女的不信任大致可分为两种：对事实的不信任和对孩子潜在能力的不信任。假如来自父母的不信任和压力太多太强，孩子的自信心就会受到伤害。如果说父母对事实的不信任,是对孩子正直性的怀疑,那么,对潜在能力的不信任,则是对孩子实力的怀疑。对孩子过低的评价或恶意的嘲讽,甚至拿自己孩子的短处和别人孩子的长处相比较,从而不相信自己孩子的能力,这都会使孩子的自信力受到伤害。

父母用嘲讽的语气或与别人家孩子对比的方法来责难孩子,这样做的后果,除了抑制孩子的自信心和潜力外,不会再有别的好结果。父母可以去指责、批评孩子的某种行为,但是一定要注意自身的措辞,否则,就会打击孩子的自信力。但是父母往往意识不到这一点。"你这个臭小子,什么本事也没有"、"你真笨,一点用都没有"、"你怎么会有好人缘,一点儿人情世故也不懂"等等,这种批评实际上是对孩子的一种潜在暗示,会在无形中挫伤孩子的自信心。

如果父母总是反复地说"你总是如何如何,我没法相信你"、"你怎样怎样,以后也难有改变"这种十分不信任孩子的话,那么孩子以后也很容易朝着这样的方向发展。有时候,一句话就像一粒种子,你种下什么样的种子,日后就会收获什么样的果实。父母总是抱着这种不信任的态度,重复那些不信任的语言,孩子慢慢就会真的相信"我能力有限,我不会有太大进步,我是一个不受欢迎的孤独的人"。孩子一旦有了这种自我否定的想法,就必然会出现相应的行为。

点迷
指津

自信是一种最具魅力的人格,拥有自信的人不但是成功的而且也是令人欣赏的。所以,建立孩子的自信力是关乎孩子一生的事情,良好的自信力不仅能够导向孩子事业的成功,更能成就孩子心灵的充实和自足。因此,父母一定注重对孩子的自信力培养,积极有效地引导孩子自信力的建立。

1. 让孩子感受到爱

做父母的一个重要的任务就是让孩子不断认识到自己的能力,感知自己被爱，意识到自身的价值，逐渐获得自尊，继而发展出自信。孩子的自尊和自信很大程度上建立在父母对待孩子的态度之上。如果父母显示出珍视孩子的价值，孩子也会渐渐对自己感觉良好。如果父母总是注意孩子的缺点，孩子就会发展出不良的自我形象感，从而影响自尊和自信。

2. 善于发现孩子的闪光点，激励孩子树立自信

最胆小怯懦的孩子，偶尔也会有大胆的举动，也会做得很好，也许在常人看来这微不足道，但做父母的必须努力捕捉这些稍纵即逝的闪光点，给予必要的乃至夸张的表扬鼓励。同时，不要对孩子有过高的期望值，要用发展的眼光看待孩子，肯定孩子的点滴进步，以此来一步步地建立起孩子的自信。比如当孩子兴冲冲地说："老师说我进步了"，而父母却说"你得意什么，离好孩子的标准还差远了"。或当孩子兴冲冲地说"我考了Ａ级"，而父母说"某某考了几个Ａ"等。这样肯定就会伤害孩子的自尊心，让孩子对做好孩子和考Ａ级没了兴趣，缺乏信心。而父母多说一句"你进步了"，"希望下次多考几个Ａ"，将会对孩子的教育产生很好的效应。

3. 用肯定性和鼓励性的言语促进孩子树立自信

强化自信的方法很多，抓住契机进行正面引导尤为重要。孩子如果能经常得到父母的肯定和表扬，会使他们兴趣盎然，信心百倍，情不自禁地向前努力，也能满足孩子潜在的争强好胜的欲望，增强其自觉学习的主观能动性。因此，要建立孩子的自信心，对孩子在实践中所做的任何一点努力和克服微小的困难都要及时予以支持和适当帮助，并尽可能地让他们尝试成功，因为成功感是建立自信心的动力。父母可以这样鼓励孩子："你比上次进步了"，"跌倒了，自己爬起来"，"你能做好"，"我们再试一次"，"你能行"等等。总之，父母要采取信赖、欣赏的态度，只说鼓励话，不说泄气话，更不说抱怨挖苦的话。因为父母的每一声赞许犹如一束阳光，会温暖孩子的心田，每一位孩子，不论其个性品质如何，成绩如何，无一例外地都渴望得到父母的重视、肯定，都渴望照耀到鼓励、赞许之春日阳光，特别是那些对自己缺乏自信的孩子。因

此，做父母的，在教育孩子时，如果少一些偏见，多一些鼓励；少一些歧视，多一些尊重；少一些冷眼，多一些赞许，让孩子享受到温暖的阳光，那么，无论哪种层次的孩子都会获得心理上的满足，从而产生一种积极向上的原动力，这样，潜能将被激发，奇迹将会出现。

4. 鼓励孩子正视自己的缺点

父母可以就孩子缺乏自信的问题进行讨论："个子再高一点真的会使你更加完美吗?"，"腼腆一点有什么关系"。

5. 经常让孩子体验成功

父母可以帮助孩子寻找一些对他来说容易成功的事情去做。如他不善于参加体育竞赛，可以让他进行个人身体锻炼，比如游泳、跳绳、做体操等。鼓励孩子追求特殊的兴趣爱好，如计算机、音乐、艺术或舞蹈。还可以让孩子参加社区服务，帮助他人会使孩子获得更好的自我感觉。孩子在幼儿园得到的一朵小花、一张画片、一面红旗，那都是他得到的奖励，父母应细心地为其保管，对他进行表扬，在他幼小心灵里种下自信的种子。

6. 建立孩子学习上的自信

如果孩子在学校得不到鼓励和支持，家长应当帮助他解决课程中的难题和疑问。适当情况下还可以为他聘用家教，或者让他参加特别的学习培训，让他在学习上建立信心。

正确认识和对待对孩子的赞赏行为

赞美是最美的语言，任何人都不会讨厌，孩子更是如此。在孩子成长的过程中，千万不要吝啬自己的赞美，同时不要滥用自己的赞美，只有恰如其分的赞美才能发挥赞美的最佳功效，才能更好地激发孩子的潜能。

著名童话作家郑渊洁曾说："中国人最节俭最吝啬的不是金钱，而是赞美别人的话。"确实如此，在对孩子的教育方面，中国的父母们似乎不吝啬金钱，但却很吝啬赞美。

中国传统的教育方法存在着很大的误区。在物质投资上，父母可以挥金如土，毫不心疼，但在感情投资上却非常吝啬。几千年灿烂的文明史却没有孕育出赞美和鼓励孩子的传统，教训反而代替了赞美。许多父母把"忠言逆耳，良药苦口"的训言牢记在心。他们努力地在孩子身上发现缺点，并毫不留情地指出来，让孩子纠正。认为只要孩子把缺点改了，就会越来越优秀。"骄傲使人落后"的名言也促使家长不喜欢当面赞扬孩子，生怕孩子滋生骄傲自满情绪。因为在他们看来，"优点不说跑不了，缺点不说不得了"。

在西方国家，父母从来不吝啬赞美和鼓励孩子。父母把孩子的每一个成功都看做是孩子才能的发挥。哪怕孩子只做了很小的事情，父母都会给予由衷的赞美和鼓励。赞美和鼓励孩子已成为他们的一种习惯。因为父母知道，良好的心态和良好的心理素质对一个人的成功功不可没，然而赞美就是培养这种心态和心理素质的最简单、最适用也是最有效的方法。

一位母亲讲过这样一件事情："我的女儿经常淘气，于是我常责骂她。有一天，女儿表现特别好，没有做一件惹人生气的事。那天晚上，我把她安顿好，正要去做别的事情，突然听到她在低声哭泣。我问她出了什么事，她呜咽着说，难道我今天不是很乖的小姑娘吗？孩子努力纠正自己的缺点，连一句赞美的话也没听到，她是多么失望啊！"这位母亲看到了孩子的进步却没有及时赞美，才使女儿如此伤心。由此可见，孩子多么渴望得到父母的赞美，多么渴望得到父母的承认和肯定！所以，作为父母，千万不要吝啬自己的赞美，不要忽视对孩子良好行为的表扬。

王卫国的女儿从小就反应慢，刚上一年级，就有同学给她起外号叫"慢半拍"。因为她做什么都比别的同学慢。记课堂笔记慢，做作业慢，算口算慢，跳绳速度慢，连放学收拾书包都慢。她总是全班最后一个走出教室的人。

看着别人家的孩子都聪明伶俐，自己的宝贝闺女却"慢半拍"，王卫国真是心急如焚，甚至带她去看过心理医生，做过智力测试。测试结果显示，女儿的智力在中等偏上的水平，并没有什么特别的问题。王卫国又带女儿去医院的"系统失调"门诊做了测试，结果也都在正常范围。王卫国还跑到学校跟女儿的班主任沟通。老师说可能是家长对女儿过于严厉，所以，她对自己缺乏自信心，性格比较怯懦，过于内向，平时在学校受同学欺负和嘲笑时只会默默忍受。老师建议家长多表扬、多鼓励女儿，这样可能会帮助她恢复自信，并解决"慢半拍"的问题。

回到家，王卫国和爱人认真地谈了这个问题。王卫国发现，可能是他们俩过于"吝啬"，虽然心里都把女儿当宝贝，可从来都不当面表扬她，生怕她"翘尾巴"。由于王卫国和爱人从小受的是"满招损，谦受益"的传统教育，所以从来没有夸"自家人"的习惯。王卫国决定，从现在开始，要有意识地表扬女儿。当然，王卫国深知过犹不及的道理，所以在开始行动之前，王卫国和爱人认真阅读了家庭教育方面的书，决定从努力的角度来夸女儿。

想到就做。一天早晨，当王卫国夫妇看见女儿听到闹钟的铃声就自己起床，两人都微笑着表扬女儿："闺女真棒，不用爸爸妈妈叫，自己就能自觉地起床了。"送女儿上学的路上，王卫国详细地嘱咐女儿：下课之前老师肯定会留作业，所以要在准备书本的时候就把记作业的本子放在课桌上，这样可以省下临时翻书包的时间，不会记不下来老师留的作业了；还有，上课之前要预习，这样就会对老师讲的内容有个大概的了解，记课堂笔记的时候会抓住重点，不会丢了西瓜捡了芝麻。这些话，对于刚上小学的女儿来说很实用，能够帮助她"笨鸟先飞"，不至于事事落后。每天放学后，王卫国会询问女儿在学校的情况，本着"表扬正确，点评错误"的原则，心平气和地与女儿对话，并且对她的每一点小进步都关注到，表扬到。比如，女儿在年级跳绳比赛上获得单摇项目的三等奖，虽然王卫国知道这个三等奖也就是个鼓励的意思，但王卫国还是由衷地祝贺女儿，夸奖她的进步。

女儿生性内向老实，也会犯让王卫国意想不到的错误。比如，一次上音乐课，老师让女儿跟着钢琴唱一段简谱，她不是跑调就是慢半拍。

正当老师耐心地给女儿纠正时，班里一个从小就学钢琴的小男孩却忍不住笑了起来，他说："老师您别费劲了，她就是'慢半拍'！"他这话一出，全班同学哄堂大笑。老师感到很尴尬。可是，最难过的当然是女儿。平时温和内向的女儿突然冲到这个男生面前，一拳挥了过去，打中了他的鼻子。随着全班同学的惊叫，鲜血从那男生的鼻子中流了出来。音乐老师连忙给班主任打电话，那个男生被班主任送到了医院的急诊室。这天放学后，女儿由于"殴打同学"被老师留在了学校，同时留下的还有那个挑起事端的男生。当两个孩子的家长急匆匆地赶到学校的时候，发现他们俩早已和好了。当然，老师还是把双方家长给训了一顿。

这次"打人事件"后，王卫国批评了女儿的暴力倾向，并给她讲道理："打人是野蛮行为，你应该用实际行动来还击那些嘲笑你的同学。他们不是说你是'慢半拍'吗？你应该笨鸟先飞，争取跟上甚至超过其他同学，这样就不会有人说你慢了。打人是违法的。要不是因为那个男生原谅了你，学校还要给你处分呢。"王卫国怕爱人听到这事之后会打女儿，所以直到晚上睡觉前才跟爱人说，谁知爱人却高兴地说："她听到那样的话生气，说明咱闺女有自尊心了；而且，她明知打不过男生，还能上去打，说明她不懦弱；她能主动跟男生承认错误，取得对方的谅解，说明她懂道理、明辨是非、敢于认错，我们应该表扬她。"第二天一早，妈妈主动送女儿上学，并在上学路上重申了不许打人的原则，同时也表扬了她的进步。

久而久之，女儿开始主动把学校发生的事情向父母汇报了，如果她犯了错误，也能主动承认了。

女儿学习处于中等，正式考试的时候几乎没有得过一次满分。一次小测验，女儿拿着一百分的成绩欣喜地让王卫国签字。看到她充满自信和期待的表情，王卫国真的为她感到高兴。是呀，为了帮助她提高口算的速度和正确率，王卫国特意买了秒表，做了统计表格，每天都陪着她练习，对她每一次的进步都有夸奖和奖励，现在，所有的努力终于有了回报。为了奖励这第一个一百分，王卫国特意给女儿买了一个卡通秒表，鼓励她自己测速度，做口算，然后把每天的速度和正确的题数都填到一

个自己设计的表格里。这样,女儿就能看到自己的努力成果,每一天都进步一点点。有了这样的鼓励,女儿的考试成绩稳步上升,再没有出现过做不完试卷的情况。

天才都不是责备出来的,也不是抱怨出来的,天才是赞美出来的。赞美和鼓励对孩子来说不应该成为奢侈品,而应成为必需品,和阳光、空气一样。只有善于赞美孩子的父母才能培养出最好的孩子。特别是在赏识教育的大力推广下,对孩子的赞美应该变成一种最普遍的教育方式,只有真正地把赞美融化在生活以及具体的细节中,才能使孩子逐渐形成自强、自律、自信的品格,才能使孩子健康茁壮地成长。

指点迷津

"数子十过,不如奖子一长。"对孩子尤其是表现不太好的孩子,家长要少些批评,多些赞美,这样有利于增强孩子的自信,形成自己的独立意识。父母要时刻关注孩子每一点细微的进步,每一个小小的闪光点,及时给予夸奖和鼓励,让孩子产生成就感和自豪感,让孩子经常有"我是好孩子"的感觉,这样孩子就能不断进步。经常赞扬孩子,孩子会成为一个乐观自信的人。人人都希望获得别人的肯定和赞美,这是人们共同的心理需要。一个人的心理需要一旦得到满足,便会成为他积极向上的原动力。实践证明,掌握好赞美孩子这个法宝,就抓住了孩子成功的关键。为了孩子能拥有一个健全的人格,能拥有一个美好的未来,父母千万要掌握好赞美的技巧。

1. 赞美要具体

赞美得越具体,孩子越容易明白哪些是好的行为,越容易找准努力的方向。因为自己令人满意的具体行为得到家长的赞美和肯定,孩子就会对那些好的行为更清楚,印象更深刻,也就更容易发扬这些优点。笼统的赞美往往起不到应有的作用。

泛泛地用"你真乖"、"你真聪明"、"你真了不起"等赞美的语言,虽然暂时能起到提高孩子自信心的作用，但由于孩子不明白自己好在哪里，为什么受到赞美，容易养成虚骄的坏习气。

2. 赞美要及时

发现孩子有了好的表现，家长要立即赞美；否则，时过境迁，孩子对迟到的赞美就不会留下什么印象，也不会对孩子产生什么影响。

3. 赞美要恰当

尽管赞美通常来讲具有神奇的效力，但是经验告诉我们，赞美也要因人而异。适当的赞美能收到好的效果。赞美孩子时要做到大小有别：小孩子喜欢父母的拥抱、亲吻、抚慰，或者说一些亲切的话语；而大孩子，父母只要竖起大拇指，拍拍孩子肩膀等方式，可能会收到意想不到的效果。

4. 赞美要适量

但对孩子的表扬也并非是多多益善，赞扬也像服药一样，不能随便乱用，它也有关于时间和剂量的规定，也有使用的禁忌规则等。

所以，父母表扬孩子时，一定要掌握好赞美的火候。当孩子的确取得了不小的成绩时，一定要不吝赞美之词。而有些家长为了鼓励孩子，对孩子的表扬太夸张，会使孩子产生骄傲自满的心理。因此，对待孩子的表扬一定要适中，把握好轻重。

5. 父母对孩子的表扬一般不要使用物质奖励。

我们经常发现一些母亲喜欢这样教导孩子："乖女儿，你听话啊，妈妈明天给你买花裙子。"这样做将促使孩子过早地贪恋物欲。一旦养成了习惯，没有物质性刺激，孩子就很难接受父母的教导。

善于在规则中给孩子自由的空间

每个孩子都是一个独立的个体。无论是父母、老师还是亲友，都没有什么特权去过度地支配和限制孩子的行为。特别是父母，应该多给孩

予一点自由的空间，多让孩子按自己的方式办事。

在中国的教育传统里，早就有"养不教父之过，教不严师之惰"的古训，认为只有对孩子严加管教，孩子长大以后才会有出息，才能成就一番大事业。严加管教也就是要用诸多的父母认为正确的方式和规则来约束孩子、管制孩子，使孩子按照父母的路线一步步成长。可是孩子是一个有思想的生命体，孩子需要有自己的自由、有自己的空间以及行为处事的方式和风格。如果父母什么事情都要按照自己的标准来要求孩子，那么孩子就会成为一个毫无自信力和生命力的人。因为人生的交替就是在放手中完成的，孩子的自信也是在自由的打磨和历练下成就的。

无规矩不成方圆。很多父母都反对给予孩子过多的自由，认为孩子缺乏足够的经验和判断力，不知道什么事情该做，什么事情不该做，如果父母不加以管教，孩子很容易就会变得为所欲为。其实，这里所说的多给孩子一点自由，强调的是自由发展而不是放纵，所以父母一定不要产生误解。爱自由是孩子的天性，只有让孩子自由探索和自由玩耍，才能真正地培养起孩子的自信心和创造力。中国人为什么缺乏创造力，很大程度上就是因为小的时候被父母管得太严了，这也不行，那也不行，做什么都要小心翼翼、循规蹈矩。《成长》杂志主编孟迁曾说："一个孩子缺乏自由，或者不知道什么是自己的自由，就不能真正地成长。一个人的成长乃至他人生的意义都是建立在自由基础之上的。"

意大利著名幼儿教育家玛利亚·蒙台梭利认为，"儿童的内在有一个'精神胚胎'，这个'精神胚胎'有一种特殊的能力帮助儿童认识世界，自由发展，按照预定好的这种精神发展模式发展。父母应该让儿童按精神胚胎的内在规律自然发展，我们要做孩子精神上的仆人而不是主人"。所以，她认为父母应该严格避免抑制孩子们的自发活动，应该尊重孩子、重新看待孩子，避免自以为是地把自己的主观意志强加于孩子。

可见，父母在教育孩子的过程中，就要把握好这个度，就要善于在规则中给予孩子自由。只有积极适度的引导加上孩子的自由发展，孩子才能成长为一个真正健全而充满自信的人。如果父母不能正确对待孩子的自由问题，一味地管教孩子或是一味地放纵孩子都会给孩子造成极大的伤害。

父母对孩子干涉过多、管教过严，就会妨碍孩子自我的发展和精神的独立，让孩子丧失对自己的自信和自我支配能力，从而让孩子产生依赖和逆反心理。同时，如果父母对孩子的生活起居照顾过多，也会让孩子今后的生活无法自理。总担心孩子营养不够于是追着喂饭，会导致厌食和不知饥饱；总担心孩子感冒，为孩子准备合适的衣服，会使孩子缺乏根据天气选择衣物的意识；每天早上催促孩子起床，会使孩子缺乏时间概念和对自己的责任心；父母自认为什么重要就让孩子学什么，不关心孩子自己的兴趣，会导致孩子不知道自己的兴趣是什么，或者认为自己的兴趣不重要。父母的诸如此类的种种忽视孩子自由的行为都是对孩子成长造成妨碍，就很难使孩子真正地长大。

父母之所以会这样做，也是出于一种担心，可是真正的自律来自于自由基础之上的自主。如果一个孩子得不到足够的自由，他也很难真正地自觉遵守纪律。即便孩子迫于外在的压力遵守了纪律，当这个压力消失后他就会变得更加放任，这就是来自控制和惩罚的自律的特点。所以，蒙台梭利认为："真正自律的品质不是来源于严加控制和惩罚，而是来源于尊重和自由。"比如对于时间安排，如果总是你去催促孩子几点看电视、吃饭、做作业、练钢琴、睡觉等，那么孩子永远不会自律；只有你把安排这些事情的自由全交给孩子，让孩子自己做主、自己负责，才能产生真正的自律。孩子可能一开始安排得一塌糊涂，但是很快他们就会根据实际需要来作出调整。其实，这当中更多的困难来自于父母，父母不相信自己不介入孩子能管好自己。这种不相信归根结底是父母对自孩子的不相信。父母们只有说服自己放开并能够忍受孩子最初的失败，才有机会看到一个全新的独立而又充满自信的孩子

点 迷
指 津

渴望自由与自然是孩子成长发展的必然，作为父母，一定要善于在大规则的前提下给予孩子足够的自由空间。只有孩子在自由的基础上，经过父母恰当而合适地引导和教育，孩子才能真正地长大、真正地成熟。

为了孩子的未来，父母要学会爱孩子，而真正的爱孩子，不仅需要父母有宽阔的胸怀，还要有敏锐的眼光和理智的头脑。父母要敢于放手，走出过度嘘寒问暖的圈子，从而建立起孩子的自信和独立意识。

1. 不要过分给予关爱

孩子的生活需要父母的照顾，这种照顾应随孩子年龄的增长而减少。但有些父母却不是这样：当孩子可以自己穿脱衣服时，还要替他穿脱；当孩子可以自己吃饭时，还要一口口去喂；当孩子已经走得稳当了，还不让他独自上下楼等等。父母整天形影不离，不给孩子一点锻炼的机会。在这样"照顾"下成长的孩子，可以说没有一个不娇气的，当他们离开父母以后，必然无法独立生活，自信也就无从谈起。

无数事实证明，过度关注，只能不断削减孩子的环境适应能力和抗挫折能力以及自信力，对孩子有害无益。过度嘘寒问暖与棍棒教育的后果是一样的，都是对孩子的不尊重，都是对孩子自信力的打击。棍棒教育伤害孩子的自信是从肉体到心灵，而过度关爱伤害的自信是从心灵到肉体。世界上没有不爱孩子的父母，特别是中国的父母，被公认是付出"爱"最多的父母。他们为了孩子再苦再累也没有怨言，付出再多也心甘情愿，从不计较个人得失，也不求什么回报，可以说是无私到极点。然而这种爱是一种糊涂的爱、愚昧的爱，而不是科学的爱、智慧的爱。

2. 多让孩子动手，多让孩子劳动

劳动就有一种目标反馈的过程，在这个过程中，就会渐渐地形成并加强孩子对自己的认知和把握，就会慢慢地建立起对自己的自信力和认同感。

3. 原则问题不能松

没有规矩，无以成方圆。对于孩子提出的不合理要求，家长不要迁就姑息，不要妥协退让，更不能优柔寡断，从而给孩子以可乘之机。要斩钉截铁地给予回绝，不留任何余地。只有这样，才能正确引导孩子自信力的发展方向，不至于使孩子认为什么事情自己都可以搞定。

4. 让孩子为自己的行为负责

自信的基础就是要让孩子拥有自己把握的空间和自由，就要自己拥有运筹的权力。所以，父母只要大胆放开自己的手，让孩子为自己的行为负责，慢慢的，孩子的自我意识和独立精神就会培养起来。

5. 给孩子最需要的

给孩子最好的不如给他最需要的，过分的呵护会使孩子难以承受挫折，过分的照顾会使孩子无法建立积极的生活态度，缺乏解决问题的能力，不愿面对生活工作的压力，没有自信，不相信自己的能力。所以，聪明的父母在养育孩子的过程中，在关心孩子生活的同时，会从孩子的心理特征入手，关注孩子心理的成长，给孩子最需要的营养。

尊重孩子自己的选择

尊重孩子，是培养孩子自我意识和自信力的关键因素，也是父母对待孩子应该持有的态度。如果父母总是一副高高在上、盛气凌人的姿态，那么必将挫伤孩子的自信，使孩子轻视自己，不重视自己的想法和观点。

孩子选择幼儿园、小学时，基本上都是依照父母的意思。但是随着孩子年龄的增长，父母应该注重孩子的意见，尊重孩子自己的选择。即使是在孩子小的时候，父母也要有意识地培养孩子的自主意识，尊重孩子的选择。如果父母总是忽视孩子的感觉，不加选择地否决孩子的选择，就会慢慢地使孩子丧失自我，陷入盲从、随大流的性格，当然自信心就不复存在。所以，不管什么事情，父母都不能忽视孩子的感觉，把自己的主观意志强加在孩子的身上。只有充分地尊重孩子，慎重作出决定，才能使孩子真正地成为一个自信而独具风采的人。

许多父母都只是想着让孩子掌握一门技艺，或者能够取得某种骄人的成绩，完全不尊重孩子的想法和选择。这样不仅使孩子产生极大的抵触情绪，还会让孩子在成长的过程中出现心理扭曲的问题，很有可能还会在无意中抹杀孩子的天赋，使孩子留下一生的遗憾。虽然说，父母为孩子做的一切出发点都是为了孩子好，想用自己的经验帮助孩子少走一些弯路，为孩子选择更有前途的道路，但是人是有思想的动物，强行灌输的做法只会适得其反。更何况，一切都是发展变化的，父母的经验不一定都会适用于孩子的成长，所以，父母要学会尊重孩子的选择，不仅是为了树立孩子的自信，也为了孩子能够找到真正适合自己的、自己喜欢的人生道路。

有些弯路是不可避免的，如果什么潜在的危险父母都主观地屏蔽在孩子之外，不考虑孩子的选择，孩子就很难长大，很难真正地成熟。所以，有时候父母不妨让孩子错一次，不妨尊重孩子的选择，让孩子自己去选择自己的生活。一直在温室里成长的孩子是永远不会真正地树立自信，建立起自己的自信力的。只有让孩子去体验失败和成功之后，孩子才会对自己有一个清晰而准确的认识，才能建立起真正的自信，因为自信也是需要培养的，需要在点滴生活的细节上去打磨和历练的。

尊重孩子的选择，考虑孩子的感受，真正地用一种平等的姿态来对待孩子，才能帮助孩子建立起自信。

点　迷
指　　　津

美国著名的心理疗法专家詹姆斯·温德尔认为："8岁是孩子敏感的年龄。他关心别人对自己的感觉，他的感情容易受到伤害……这一年龄的显著特点是孩子开始倾向于自立。"因此，父母要尊重孩子的选择，因为那是他的个性、健康与独立发展的表征。

一般父母习惯站在自己的角度对孩子的行为作出评价，约束孩子的选择。长此以往，孩子就会丧失自我决定与负责任的能力。今天社会变迁迅速，孩子将来要面临多种选择和决定，能力的缺乏只会带来恐惧、紧张。台湾心理学家黄月霞认为："儿童有这方面的训练，在面对心理压力前，将会有较少的焦虑和恐惧，较能想出种种答案。"

所以，如果你尊重孩子对自我世界的决定，那么，孩子会因而发展出自我约束能力，从而会有一种成就感、自我价值感和责任感，这对孩子的一生来说都是很重要的。

对每个人来说，只有自己才能真切地决定未来的一生如何度过。所以，不要一味去干涉孩子对自我生命的决定，尊重孩子的选择就是给予孩子最完满的爱。

具体来说，父母要尊重孩子的选择就要考虑一下几个方面。

1. 尊重孩子的个性发展

孩子是活生生的人，孩子不是父母的附属物，孩子遇事有自己的想法。孩子的意见是他逐渐成长的表现和标志，应该予以尊重、理解和鼓励。例如，孩子主张要穿什么样的衣服，这说明孩子已有自己的审美观点和情趣，只要不是太出格，就让孩子去穿，父母不宜用自己的标尺来控制和干涉。否则，长此以往，孩子会认为自己的想法总是被父母忽视，而为了证明自己的存在，为了引起父母的注意和重视，孩子可能会变得越发犟强叛逆，不愿与父母交流沟通。

2. 尽量寻找机会与孩子进行平等交流，而不是选择指责式的唠叨

尽管父母有教育子女的权力，但权力不是等级。孩子渴望受到尊重和理解，父母只有放下长者的架子，蹲下身来，与孩子进行平等、耐心的交流和对话，倾听孩子的心声，使孩子感觉与父母没有距离感，才能在最大程度上使自己的意见被孩子理解和接受。否则，若你一味地苛求、指责，不容倾诉和申辩，孩子就会离父母越来越远，言语会越来越少。这并非说明孩子不想谈，而是不愿谈，因为在孩子的内心深处，不说比说更好，说出自己的观点后只会引来无休无止的唠叨。只要父母能够耐心倾听并读懂孩子内心中各种各样的询问，孩子才会更加尊重父母的引导，并在此基础上走向更加宽广的未来。否则，家庭互动形态就会比较僵化，缺少弹性，也就缺乏解决问题的技巧和方法，孩子就有可能与父母背道而驰。

3. 学习一些儿童心理学、教育学知识

孩子在每个成长阶段都有不同的特点，需要细心关注。父母要在心理学、教育学知识基础上，适时对孩子采取合乎其年龄特点的教育方式，并对孩子成长中出现的问题进行理性的思考，从而少走一些弯路，令孩子成长得更加健康。在这个以知识为主轴的时代，凡事讲求专业，做父母的不能只凭常识或过去父母教自己的那套经验教育子女，而要善于结合孩子的生理心理特点，多尊重孩子的选择。

正确认识和对待孩子的辩解

孩子是有独立思想和独立意志的个体，任何时候孩子都有辩解的权利。父母只有尊重孩子的辩解，给孩子说话的权利，才能建立起孩子的自信，才能使孩子健康地成长。

孩子在成长的过程中，父母总是喜欢以一种居高临下的姿态来发号施令，来实现自己的意志。同时，父母常常忽视孩子的感受，不给孩子辩解的权力，总是主观地作出自己的判断，不给孩子一点辩解的空间。

中国的父母由于受千百年传统观念的影响，总觉得孩子见识少、阅历浅、不成熟，于是就形成了"父母说话小孩子听"的定论。不少父母都不会给孩子辩解的空间。这种传统的思想使得孩子在父母面前唯唯诺诺，在生活以及社会活动中缺乏自信，没有自主意识，常常随波逐流。所以，父母要想使孩子成长为一个独立自主、拥有信心、富有开拓精神的人，就要善于倾听孩子的声音，就要善于给孩子辩解的空间和自由。

另外，德国心理学家发现，能够向父母进行辩解的孩子，在长大以后会比较自信。原因就在于，孩子在与父母辩解的时候，往往能够唤醒孩子的自我意识和主观精神，使孩子产生一种心理的充实和正当感。这种辩解的自由不仅有助于孩子思想的成长和成熟，而且对营造融洽而民主的家庭氛围也是非常重要的。所以，给孩子辩解的权利，孩子就能获得健康的成长空间，不给孩子辩解的权利，就会抑制孩子正常的成长，甚至使孩子出现一系列的心理问题。

给孩子辩解的权利，其实就是要求父母尊重孩子，以一颗平等的心来对待孩子，不要把家长制的管理带到现代社会的家庭教育中去。作为父母，都是爱自己的孩子的，可是父母却常常不由自主地犯一些错误，常常会用一种爱的名义来对孩子造成不同程度的伤害。这种伤害就是心理学上所说的非爱行为。它要达到的是一种强制性的控制和管理，完全是按照自己主观的意愿作为行动的指针。

所以，如果父母不考虑孩子的主观感受，一味地对孩子进行高压管制，那么孩子永远也长不大，永远也无法度过心理的哺乳期。

下面，就听一位父亲亲身经历的故事。

高高兴兴把女儿从幼儿园里接出来，有位家长怒气冲冲地对我说："看你们家女儿，把我们家孩子抓成什么样了！"

那个孩子的脸上有一道明显的指甲划痕，我转身问女儿："是你抓的吗?"女儿"哇"的一声,边哭边往家里跑。

我向人家道完歉,匆忙赶上女儿,强压怒火对女儿说:"每个人都会犯错误,但这并不可怕,可怕的是犯了错误还不主动承认。"

苦口婆心说了半天,她只顾低头走路,我厉声吼道:"你听到没有?"女儿抬起头,眼里噙着泪花把手往我面前一伸:"我手指甲都被我咬光了,怎么抓人?"我的头"嗡"的一声,这才想起女儿从小就爱咬指甲,10个手指头经常啃得光秃秃的,是不会把别人抓出伤痕来的。

我内疚地把女儿揽在怀里,轻声说:"对不起,爸爸错了。"

可见,给孩子一定的辩解是非常必要的。如果父母主观臆断,不给孩子辩解的自由,往往就会造成对孩子的误解和伤害,甚至给孩子造成无法弥补的心灵创伤。所以,即使是孩子做错了事,也要给孩子辩解的机会,不要在问题没有搞清楚之前就使用父母的强权,一味地批评和责骂孩子。

但是在现实生活中,常常会听到父母对孩子说:"闭上你的嘴,不要辩解了""你必须听我的"等等诸如此类的话。但是在社会生活中,做父母的又往往会埋怨孩子不会去为自己的正当权益去辩解、去争取。所以,如果父母从小不给孩子解释和辩解的权力和机会,孩子就会感觉得不到父母的尊重和爱护,就会慢慢地丧失自信,长大后就会变成一个屈服于权威、不敢有自己主见而唯唯诺诺的人。

其实,一个人受到批评和责骂时,辩解是一种很自然的反应。如果是陌生人这样对他,他也许会很愤怒,但很快就不当回事了;可如果是孩子既尊敬又亲近的人,尤其是孩子的父母,这样对孩子,孩子就会很伤心、很委屈,次数多了,孩子就会变得不自信。

所以,孩子有说话的权利和自由,有辩解的权利和自由,不要对孩子进行无端地批评和指责,因为受委屈的孩子,很少去反省自己有什么过错,而被感动的孩子才更容易自省,并且因为感动而增加内心的勇气和自信,同时孩子的自制力也会增强。也许孩子因为不听话,会遭遇挫折,但这也是孩子成长的代价,教训会比经验更深刻。不管怎样,给孩子辩解的权利,才能让孩子真正地成长。

　　只有给孩子更多行动和辩解的自由和权利，只有父母尊重自己的孩子，遇到一些大事，孩子才会主动思考，才会更听话。

　　孩子在 12 岁以后，进入所谓的逆反期。这时，更要把尊重和辩解的权利给予孩子。所谓的逆反期，就是孩子自我意识的觉醒和成长期，这应该是很值得父母欣慰的现象。但有的父母却在为孩子们觉醒的自我意识而烦恼，主要原因就是父母认为孩子总是喜欢辩解，而且自己的主张越来越多。随后，父母与孩子的冲突也就越来越多。

　　可是，对于一个已经有自我主张和能力的孩子来说，乖乖地"听话"是一种痛苦，也是一种压抑。只有允许孩子有自己的主张，允许孩子按照自己的主张进行辩解和解释，使父母和孩子在一种平等、平和的状态下交谈和沟通，才能使孩子真正地长大，真正地树立起属于自己的自信。

点迷指津

　　如果一个孩子从不与人争辩，从不会和父母辩解，那么，他的勇气、智商、口才、进取心、自信心等就值得怀疑了。所以，从某种意义上说，辩解是孩子成长过程中必修的一课。父母一定要正确认识和看待孩子的辩解行为，并积极有效地引导孩子辩解，使父母与孩子真正建立起彼此平等、相互尊重、相互理解的关系。只有这样，孩子才能不断地得到成长。

　　1. 在生活中尊重孩子，以平等的身份对待孩子

　　有些父母对孩子，总是像上级对下级那样，强调自己的观点与尊严，不顾及孩子的想法，总认为自己是对的，而孩子是错的。这样做，不仅得不到孩子的认同，还容易引起孩子的反感，破坏父母在孩子心目中的形象，因而达不到预期的教育效果。

　　其实，父母和孩子的交往，应该是平等和民主的，而不是独断的。在家庭中，在教育过程中，都要尊重孩子。孩子在家庭中扮演的虽然是子女的角色，但与父母一样，孩子的价值和尊严应该受到尊重；父母在生活中尊重孩子，要把自己放在一个平等的角度与孩子交往，这样在教

育孩子时，孩子对父母才会更加信服。

2. 与孩子建立相互的信任，父母要成为孩子的知心朋友

父母与孩子之间的相互信任是发展密切关系的重要方面，因为不信任会使现实关系中出现抵触现象，并直接影响教育质量。因此，合格的父母，必须首先要相信自己的孩子，并获得孩子的信任。

3. 正确看待孩子的过失

所谓"不经一事，不长一智"，如果孩子没有犯过错，将无法学会新的事物。在家庭中、学校里、朋友间、工作上甚至任何地方，孩子都可能会犯错，但是千万不要把孩子的犯错主观地归罪于孩子的原因。父母一定要善于给孩子辩解的机会和空间，容忍孩子的过失，帮助孩子分析其中的原因。

第五章
学习力左右孩子的走向

　　学习力是把知识资源转化为知识资本的能力，是学习动力、学习毅力和学习能力的综合体现。良好的学习力是一个人立足社会、面对挑战的关键，也是孩子成长过程中必需的营养。培养孩子的学习力是培养孩子一生的能力，应该从小就抓起。

注重对孩子的早期教育

孩子的早期教育关乎孩子一生，是拉开孩子差距的关键性教育。所以，注重对孩子的早期教育是一件不容忽视的事，它不仅能够为孩子将来的教育打下坚实的基础，而且能够有效地开发孩子的智力，使孩子赢在起点。

早期教育主要指的是对 0—6 岁年龄阶段的孩子所实施的教育，是根据孩子这一生理阶段智能发育的规律，进行有组织有目的的活动，以促进孩子的智能发育。良好的早期教育对孩子成长是至关重要的。心理学家得出结论，人才形成的关键期是婴幼儿阶段，学前期是智力发展的最佳时期。在人的早期生长阶段进行科学的、卓有成效的教育，对孩子的未来有着长期的、持久的影响。因此，要想开发孩子的潜在智能就必须尽早进行教育，因为每个孩子的潜在智能开发遵循一条递减的规律。也就是说，智能开发得越早，智能开发的程度就越高；反之，则相反。

此外，早期教育不是让孩子几岁前认了多少字，会背多少诗，而是抓住早期智力发展的关键期，也是最佳期，利用其脑神经的敏感性进行教育，可以达到事半功倍的效果。有研究表明，两组 3 岁孩子家庭背景相似，都进行智力测试，出生后一直系统接受早期教育的孩子比从未接受过早期教育的孩子智商高，适应性强，且更健康活泼，富有个性，易于交往。

　　"万丈高楼平地起"，要使房子建造得牢固，必须打好基础，对人的培养教育道理也是一样。让孩子受到良好的早期教育，就是为他们日后成才打下坚实的基础。早期智力开发是一个人一生发展的起点，也是实施终身教育的关键。

　　一个人的各种思想、行为、智力、才能不是天生的。对孩子来说，最重要的是教育而不是天赋。孩子成为天才还是庸才，不是取决于天赋的多少，而是决定于五六岁前的教育。当孩子大脑发育较快，脑重逐步达到成人的90%以上时，幼儿的个性会逐渐形成，加上环境和教育条件的不同会出现个性差异。四五岁被称为智力发展的第一最佳时期。假如父母不好好把握这个关键时期，随着孩子年龄的增长，启发、培养就会很费力，而且得到的效果也会差很多。如果忽视和错过了孩子早期智力的开发，对孩子今后的发展将是难以弥补的。

　　教育是儿童成长的文化条件，对孩子进行早期智力开发不仅是可行而且是非常重要的。儿童的成长与遗传因素和文化环境有关。对于孩子的某些机能的发育和成长，教育的作用是积极有效的。生物学家劳伦兹提到的关键期理论是教育研究的重大突破。这一理论提到，人脑各种机能发育的关键期是短暂的，主要在0—6岁，特别在3—6岁。所以抓住教育的关键期是非常重要的。有些人说"不用什么早期教育，长大了不教也能学会"的话，纯属虚妄之词。人的一生只有一个0—6岁，父母如果错过了这个教育的机会，也就错过了对孩子潜力开发的关键时期，以后的教育就会显得比较吃力。

　　6个月时，小杉杉参加了一项婴儿潜能开发项目。上门访视组的保教人员把她从"襁褓"里放出来后，为她进行智能测试，当时测得其大动作为1.5个月水平，精细动作和语言都是1.5个月的水平，适应能力和社交行为是2个月的水平，平均智龄为1.7个月水平，其智能发育商仅81分。通过了解，发现该孩子发展不理想的主要原因是家长缺乏科学的育儿知识及技能。当时家长认为，零岁的孩子只要保暖、吃饱、不生病就行，智力训练没有多大意义，家长对智力训练存在模糊的只注重保护而轻视教育的意识。

针对上述情况，保教人员采取以下措施：①为她制订详细的个别指导计划及训练目标；②向家长传授正确的智力训练方法及保健知识；③建议家长在柔和的音乐气氛中给孩子做婴儿保健操；④让孩子多在户外活动，晒晒太阳，适量补充鱼肝油、钙剂，以满足孩子生长发育需要，防止生病；⑤给孩子布置一个温馨、祥和、自由、轻松、平等、和谐的环境，选择合适的玩具，如：摇铃、图谱、镜子、方木、儿歌及婴儿故事磁带等；⑥平时要注意视觉、听觉及触觉等方面的刺激训练，使家长的育儿信心增强。小杉杉父母按保教人员的话做后，小杉杉一周岁时，比起周围的小朋友来显得更活泼健康：她容易与人沟通，理解能力强，聪明可爱，智商为138分，达到超常的发展水平。

婴幼儿时期是对孩子进行教育的第一个关键期。幼儿期孩子身心发展的速度很快，这个时期孩子的身体发育、智力发展和道德行为习惯的形成，对人的一生发展有重要影响。研究表明，每个人都潜藏着无穷的智慧和才能。每个人的一生一般仅仅运用其智慧潜能的10%，甚至更少，即使是那些最杰出的科学家也只用了智慧潜能的30%，而早期的婴幼儿教育则能够有效地激发孩子的潜力。小杉杉的前后测验结果有力地向人们证明了：即使是一个普通的孩子，只要注重孩子的早期教育，孩子也会成为一个不平凡的孩子。

指点迷津

孩子的早期教育对孩子的影响是很大的，要让孩子在未来的社会发展中有作为，智力和身心都很合格，父母就必须高度重视对孩子的早期教育。就像心理学家特别重视胎教一样，孩子的早期教育同样具有不容忽视的重要性。因此，父母一定要抓住孩子的早期教育的关键期，积极有效地对孩子进行教育和开发。

1. 在玩乐中积极进行教育

众所周知，小孩子玩的时候情绪最高涨，情趣最浓厚。父母陪孩子玩时可以对孩子进行智力渗透。例如，孩子玩积木时，可以充当助手给孩子运输积木并提出一些问题："明明要搭个什么"、"你要方形的还是圆形的"等等。从孩子的心理来说，新奇的、有趣的刺激会促进他们语言的发展，有趣的东西会引起他们的愉快感。可见，新奇、有趣的事物是孩子语感最佳的刺激剂。让孩子在欢乐中学习语言也是最有效的。让孩子的小脑袋充满新奇的感受，引导孩子观察周围的事物，使孩子的语言表达能力得到发展的同时人也更加聪明。

2. 加强孩子的基础训练和教育

孩子的语言发展，一般要经过三个阶段：从出生到1岁，是语言前期；从1岁到1岁半，是理解语言阶段；从1岁半到3岁末，是表达语言阶段。科学研究证实，孩子1岁半左右是学习语言的最佳时期。此时，孩子学说话最容易而且学得快，故应及早与孩子说话，不断与孩子进行语言交流，可以诱导、启发和促进孩子的语言发展。因此要及早地训练孩子的语言思维。邓小平曾倡导："计算机应从娃娃抓起"。但同时计算机的学习也要考虑孩子的年龄阶段、知识基础和接受能力。作为父母和老师要给孩子创造优越的学习环境，想方设法地使孩子多动手、多动脑，在实际操作中学会发明创造。这就要求孩子从小学会学习、学会合作、学会创造。父母在教育孩子时还要正确处理好个人创造与相互协作的关系，与孩子知识信息共享，相互促进、共同发展，引导孩子养成健全的人格、开朗的性格、优良的品格，在学习中增长知识，在创造中获得乐趣。

3. 扬长避短，因材施教

重视孩子早期智力开发，已成为社会和父母的共识，但在具体的做法上要因材施教，不能千篇一律。要求孩子门门功课优秀，事事精通，那是求全责备。当前社会上流行"钢琴热"、"艺术热"、"外语热"、"微机热"、"舞蹈热"、"书法热"等等，望子成龙、望女成凤的严父慈母们，整天领着孩子去上课，学完这班学那班，超负荷地运转，造成了孩子很大的心理负担，结果事与愿违。孩子的智力不但得不到真正的发展，反而使情绪受到压抑，心理受到极大的损害，从而对学习产生对抗情绪，甚至影响孩子的健康发展。父母全然不顾孩子的兴趣爱好和心理需求，而强行让孩子学这学那是违反科学的。喜欢文学的孩子，家长让他参加数学奥林匹克班；喜欢书法的孩子，父母让他学习钢琴……这都不合理，培养孩子的兴趣爱好是对的，但要了解孩子的兴奋点在哪里，应扬长避短。

4. 积极地引导孩子走进大自然，锻炼孩子的感觉、知觉

孩子早期的感觉、知觉器官的功能，需要相当的刺激输入和锻炼才能得以发展。因此，应从新生儿开始，利用声音、语言玩具、实物等刺激其听、视、触、嗅觉等，促使孩子在看、听、闻、摸、尝的过程中获得各种印象，这是人对客观世界认识的第一步，对孩子早期智力发展有着重要的意义。当孩子学会走路时，应带其外出游玩，让孩子认识大自然和各种社会生活现象，帮助他们获得简单的知识，积累感情经验，发展知觉，培养其敏锐的观察力。对孩子来说，自然界的一切都是崭新的、有趣的，因此父母要经常带孩子走出去。慢慢的，孩子的观察力以及感觉、知觉就会惊人地提高。

5. 珍惜孩子的求知欲

早期的孩子对周围的一切都感到新奇，尤其是他们刚学会走路和说话的时候，求知欲和好奇心很旺盛。父母应珍惜孩子的这种求知欲望，一定要耐心而热情地倾听，认真简要而正确地回答孩子提出的每一个问题，从而满足孩子的要求，开阔孩子的眼界，丰富孩子的知识和经验。此时，决不能嫌麻烦而对孩子冷淡，甚至斥责或单纯应付性地解答，否则将对孩子的心理及智力发展产生不良的影响。

正确认识和对待孩子的创造能力

孩子天生具有创造力，在孩子的思维与眼光中，一切都是崭新的，都

可以触发孩子的想象力。因此，父母一定要正确认识和对待孩子的创造能力，为孩子创造一个美好的未来。

　　创造力是人类特有的一种综合性本领，是决定一个人位置的关键性因素。在人类进步的历程中，创造力就是推动历史车轮的最终原动力，没有创造力的民族是可怕的，没有创造性思维的人是没有灵魂的。只有具有创造力的人，才能够在日益激烈的社会竞争与压力中从容应对。所以说，创造力是关乎一个人生存发展的重要推动力。

　　富有创造力的品质对一个人来讲非常重要，这将决定他在事业上的感动。创造力就是将那种解决问题时的创意和奇思妙想相结合的崭新思路。它绝非天才专有，但是人们要想办法把它激活，就需要一定的技巧和方法，就要注重积极而主动地培养和锻炼。

　　创造力对每个个体而言，就是新颖的点子，不同寻常的思路，敢于突破、敢于破旧立新的思想。孩子天生就具有创造力的优势。孩子来到这个世界，总是时常有着一些稀奇古怪的想法和疑问，这些想法和疑问就是创造力的开始，只要父母能够及时而合理地引导，就能够有效地激发孩子的创造力，使孩子今后实现大的突破和发展。因此，父母一定要正确认识和看待孩子的创造力，因为任何的创造力都不是突如其来的，它需要时间的积累和打磨，它需要积极地培养和引导。

　　教育进展国际评估组曾对全球 21 个国家的孩子进行调查，调查结果显示，中国孩子的计算能力排名世界第一，而创造力却排在倒数第五。那么，这是不是就意味着中国的孩子缺乏想象力和创造力呢？不是的。那是什么原因使孩子的创造力发挥不出来呢？

　　其实，很大一部分原因就在于，在对孩子教育的过程中忽视了对孩子创造力的培养和引导。不管是在家里还是在学校，孩子学习好的标准一直是取得的分数、得到的荣誉、拥有的知识量的多少。人们也常常用学富五车来形容一个人知识的渊博，可是没有创造力和发现精神的渊博又有什么意义呢？到后来，只能是把孩子变成了一个个小图书馆，仅仅是知识的储藏间，却没有真正地开启孩子的创造性思维，使孩子成为知识的喷泉。因此，父母一定要重视对孩子创造力的发现和培养，积极有效地引导孩子形成自己的创造性思维。

那么，具有创造力的孩子应该具备哪些特征和素养呢？

(1) 常常专心致志地倾听他人的讲话。

(2) 讲话或作文时常常使用类比和推断。

(3) 能较好地掌握阅读、书写和描绘事物的技能。

(4) 喜欢对权威性的观点提出自己的疑问。

(5) 爱寻根问底，弄清事物的来龙去脉。

(6) 爱好细致地观察事物。

(7) 非常希望能把自己发现的东西告诉别人。

(8) 即使在干扰严重的嘈杂环境中，仍然醉心于自己所做的事情，而且不太注意时间。

(9) 常常能从乍看起来毫不相关的事物中找到相互间的联系。

(10) 即使走在街上或者回到家中，仍然在反复思考课堂上所学的东西。

(11) 有较强的好奇心。

(12) 常常自觉不自觉地运用实验手段进行研究。

(13) 喜欢对事情的结果进行预测，并努力证明自己预测的准确性。

(14) 很少有心不在焉的时候。

(15) 常常将自己一直做的事和学到的理论重新进行概括和总结。

(16) 喜欢自己决定学习或研究的课题。

(17) 喜欢寻找所有的可能性，常常提出：还有别的办法吗？

了解了具有创造力的孩子具备的特点，父母就要摆正自己的观点，正确对待和观察孩子日常生活的细节，不失时机地对孩子进行积极有效的引导和培养，使孩子的创造力真正地开发出来。

点 迷
指 津

孩子总是从新奇、新鲜的角度来观察周围的世界。孩子看到的世界是与众不同的。只要父母尊重孩子对事物的观点和看法，根据孩子的具体情况积极地进行引导，使孩子的想象力自由地发挥和展现，就能给孩子创造一个不一样的未来。但是，如果父母用成人的思维方式来对孩子的想法报以鄙夷的态度而粗暴干涉，就会扼杀孩子的想象力和创造力。所以，父母要给孩子一点"不听话"的权力，要给孩子自由成长的空间，要善于保护和培养孩子的创造性思维。

1. 给予孩子一定的时间和空间

如果把孩子管得过死，一点自由支配的时间和空间都没有，那么孩子怎么能进行创造呢？所以，父母应该给孩子一定的时间和空间，让孩子去"淘气"，去"不听话"，让孩子自由地去尝试，去行动，去创造，去按照自己的思路展开想象。

2. 让孩子自己去寻找问题的答案

好奇心是人对自己不了解的事物感到新奇而有兴趣进行探究的一种心理倾向。它是推动人们主动求异，进行创造性思维的内在动因。好奇心在孩子身上尤甚，其基本表现就是不断提出"是什么"和"为什么"的问题。对待孩子提出的问题，不一定非要都作出回答，父母可以引导孩子自己去思考，去解答。

3. 观察孩子生活的细节，给予及时的肯定

每个孩子都有一定的创造潜能，这种创造潜能表现在孩子的日常生活中，因此观察孩子在日常活动中的表现就可以发现孩子的创造力。比如有的孩子把扫帚当马骑、当机关枪，其中就有丰富的想象力，有发散思维，发现了同一事物的不同用处，这就是创造力的表现。对此，父母一定要给予明确的肯定。

4. 珍视孩子的创新、探索与试验

没有什么会比冒失地对孩子说一些像"为什么要做那件事"或"把那些脏兮兮的废品扔掉"那样的话更快地扼杀孩子的创造精神了。父母应该把孩子所创作的艺术品放置家中显著的地方，并夸奖孩子的作品。

培养出真正的创造力往往要伴随着许多次的失败。父母要不断鼓励孩子在所扮演的角色中展示自我，允许孩子自由地表达他们的情感，允许孩子在做事情时有股冲劲。这一切都能为培养孩子的创造力创造一个良好的外部环境。

5. 借助其他形式启发孩子

父母可以通过定期让孩子接触一些好的书籍、音乐与艺术作品，来激发孩子的创造力。父母应和孩子一道去公共图书馆，通过听收音机发现一些经常播放音乐的栏目，去参观一些你所在的地区的博物馆及艺术品商店。因为大多数创造性的作为都是一些现有思想与认识的升华，所以经常接触音乐与艺术，对提高孩子的创造力大有帮助。孩子接触的观念及新的事物越广泛，他们的创造性思维的潜力发挥得就越大。

正确认识和对待孩子的学习

孩子的学习不是一个孤立的问题，重视孩子的学习，首先就要正确认识学习的内容和性质。父母只有正确引导孩子的学习行为，才能真正地促进孩子的学习，引导孩子全身心地投入到学习中去。

学习也是一门学问，也要掌握一定的技巧和方法。父母如果不明白学习的真正方法，盲目地要求孩子投入大量的精力，反而会适得其反，使孩子更加排斥学习。

学习是有规律可循的。只有掌握了学习的规律，才能有的放矢，达到事半功倍的效果。一般来说，学习可分为三种境界。

1. 苦学

提起学习人们往往想到"头悬梁、锥刺股"的苦学状态，可是处于这种层次的孩子常常会感到学习枯燥乏味，孩子体会不到学习中的乐趣。长此以往，孩子就会对学习产生一种恐惧感，从而滋生厌学的情绪，结果学习就变成了一件苦差事。

2. 好学

《论语》中有言："知之者不如好之者"，就是说懂它的人不如爱好它的人。其实学习也是如此，学习兴趣是学习的重大推动力，只有处在好学境界的孩子，才会对学习如饥似渴，甚至达到废寝忘食的地步。在这种状态下，孩子的学习不需要别人的强迫，自觉的态度常使他们能取得好的成绩，而好的成绩又使他们对学习产生更浓的兴趣，形成学习中的良性循环。

3. 会学

学习本身也是一门学问，有科学的方法，有需要遵循的规律。按照正确的方法学习，学习效率就高，学得轻松，思维也变得灵活流畅，能够很好地驾驭知识。因此，处在会学层次的孩子能够轻松自然地应对学习，从而真正成为知识的主人。

可见，学习不是一件纯粹靠时间磨出来的事情。父母不能一味地要求孩子的学习时间而忽视孩子正常的学习规律，同时，父母还要注重孩子在学习上的劳逸结合、身体为重的原则。如果一味地追求孩子的高成绩，强迫孩子花大量的时间去学习，而忽略孩子的其他爱好，最终孩子不但学习成绩不会提高，反而会把身体拖垮。所以，父母要清楚地明白孩子的学习切入点，掌握恰当而合理的方法。

下面，看一下小琴关于父母对自己学习的要求以及小琴的反应。

"小学三年级的时候，我做数学练习题，可是没有达到父母所要求的正确率，之后就挨了一顿打。当时屁股疼得坐都坐不下去。

"从上小学开始，爸爸每天就坐在我跟前看着我做作业，之后还要出一些问题来考我，我真的很讨厌这样。

"本来已经患了重感冒，难受得不能去学校了，可是父母一定要我继续去上课。那个时候我真的感到很失望。

"姐姐在高考之前生了一场大病。那个时候我很担心姐姐，可妈妈仍然希望姐姐能继续读书。最终，姐姐还是在妈妈的强迫下，拖着带病的身体到很远的地方去上课外补习班。那次，我真的不明白妈妈是怎么想的。

"他们让我学钢琴，要是哪次没有练习就会被骂得狗血喷头，真让人伤心。最近也是，无论我想做什么他们都会反对，根本不相信我，我对妈妈的信任已经没有了。"

虽然说，父母的出发点都是好的，都是为了孩子能够学习好，以后能够有一份好的工作、安逸的生活，可是父母在教育孩子的问题上却忽视了孩子的独立人格。这样强制的结果最终只会使孩子成为父母教育的牺牲品。

问卷调查结果显示，父母总是强迫孩子上一些补习班或是课外特长培训班。孩子的未来不能掌握在自己手中，不能有自己的理想，甚至整个人生都在父母的掌控之中。对于这些，孩子不但感到失望，而且还产生了逆反情绪。

学习好的孩子和那些学习不好而饱受煎熬的孩子没有什么不同。学习不好的孩子通常是在父母的唠叨声和责骂声中度过，他们生活得很痛苦；而那些学习成绩良好的孩子，每天则要面对父母殷切的希望，甚至连自己每天的作息时间也被父母紧紧掌握着，父母的厚望已经使他们没有喘息的机会，他们同样痛苦地承受着这份来自父母的压力。

通过研究调查发现，很多学生都曾因为某门功课成绩不好而被父母训斥过。就连正上小学的孩子都说，平时有很多的测验和考试，考试的结果给了孩子很大的压力。

父母常用刺激孩子的方法来激励孩子努力学习。但是，这样做能否真正达到父母预期的目的还是个疑问。孩子成绩不好的时候，父母责骂孩子大多是为孩子的将来担心。学习不好，首先是很难迈进名牌大学的校门，想找到一份稳定的工作愿望自然也会因此受阻。父母担心自己曾经吃过的苦、受过的罪在孩子身上重演，担心现在不知进取，最后连现在享受的这些都丢了，他们希望孩子能过上更富足更安逸的生活。

但是，如果真为孩子的将来担心的话，父母们应该马上停止强迫孩子学习的方式。重压之下，没有一个孩子能真正学好，因为孩子的将来是否光明和压力的大小不成正比，并不是说给的压力越大，孩子的将来就会越美好。

指点迷津

学习不是一件强迫的事，父母要扮演好学习、教育引导者的角色就要善于引导孩子的学习，就不能一味地采取机械的方法强迫孩子学习，强迫的结果只能是让孩子更加的厌恶和排斥学习。只有正确认识和对待孩子的学习，合理安排和督促孩子的学习，孩子才能真正地从学习中找到乐趣，才能自主地融入到学习中去。

1. 保护孩子的好奇心

孩子对周围环境和自然界有强烈的好奇心和浓厚的兴趣，这种好奇心和兴趣能激发出孩子强烈的求知欲，推动孩子去刻苦钻研，吸收知识的养料。父母应常常带孩子去参观各种展览会、博物馆，使孩子了解：生命是怎样起源的？恐龙为什么会灭绝？带孩子到大自然中去观察：鸟为什么会飞？火车为什么会跑？可以举办"家庭知识竞赛"、"猜谜语游戏"等。对孩子已有的兴趣，父母应积极支持，多为孩子开辟一些培养兴趣的途径，启发孩子去思考探索，提高学习的自觉性。

2. 不要强迫孩子学习

父母对孩子提出的学习要求要因人而异，不能一下子提得过高过严，更不能逼得太紧，否则会影响孩子学习的劲头。如果父母提出的目标超过孩子的能力，孩子就会变得焦躁不安，信心不足，潜意识中产生不满或反抗情绪。久而久之，反而会影响孩子学习。

3. 从小培养孩子的学习兴趣

父母可通过讲故事、教儿歌等方式，从小教给孩子各种知识。告诉孩子，只有做一个有学问的人才能受人尊重，为国为民作贡献，才能为自己将来找到理想的职业打下坚实的基础。这样逐步使孩子认识到学习是一件很光荣的事，因而在心里形成一种崇尚学习的观念。

4. 给孩子创造良好的学习环境

课外阅读既有利于丰富知识，又有利于开阔眼界，陶冶情操。父母应根据孩子的兴趣，分期分批为孩子订一些报刊和学习用的工具书。如条件许可的话，还应给孩子固定一间书房或一个固定的座位。房间的光线要充足，晚上灯光要柔和，桌椅高矮要合适。孩子做功课时，室内应保持安静。良好的学习环境有利于使孩子不受外界干扰，静下心来学习。

5. 让孩子尝到学习成功的快乐

如果孩子语文好，数学差，则让他先做语文作业，再做数学作业。父母辅导孩子做课外题，应由易到难，循序渐进，以增强孩子的学习信心。如果孩子真有困难，父母则应采取积极的态度，适当点拨，启发孩子去思考，帮助孩子提高克服困难的能力，但不能包办代替。孩子一旦有了成功的记录，就意味着得到一种享受，如果孩子能常常品尝到成功的滋味，也就会激起更加浓厚的兴趣。

6. 父母要积极地做好榜样的作用，引导孩子学习

父母的一言一行都会直接影响到孩子，如果父母喜欢看书，学习求知欲很强，那么孩子对学习自然而然也会产生浓厚的兴趣。孩子会按照父母的样子，自觉地认真学习，积极完成各门功课。因此，父母要想提高孩子的学习兴趣，先要从自己做起，从提高自身素质做起。

父母不要过高地要求孩子，不要苛求孩子成为全才，要用一颗平常心来对待孩子的成绩和考试分数。另外，父母不要强求孩子作为自己未尽心愿的完成者，让孩子自主地确立学习目标和计划，不要盲目地对孩子的学习指手画脚。

父母对孩子的教育切忌拔苗助长

孩子的教育不是一朝一夕的事情，也不是说在孩子的早期要把尽可能多的知识和学问灌输到孩子的头脑中，这既不现实也没有可行性。如果父母不考虑孩子的成长规律，一味拔苗助长，结果只能事与愿违。

孩子的教育从小抓起，已经成为大家的一个共识。早期教育已经成为一种宜早不宜迟的事情。但是父母对孩子的早期教育的认识还存在很多误区。早期教育并不是说要在孩子早期给孩子最多知识、最大的信息量，早期教育作为一种基础性的教育，是一种具有针对性的教育。应该针对每个孩子不同的特点有的放矢地进行开发和培养。只有这样，早期教育才能真正地发挥作用，才能更好地激发孩子的潜力，为今后的发展作好良好的准备和铺垫。但是，如果父母总是想把孩子在小时候就培养成天才，一股脑地向孩子灌输信息，这就无异于拔苗助长，结果会适得其反。

有个叫聪聪的小男孩，从小就像他的名字一样聪明。4岁时就能背出百首唐诗，不仅是"床前明月光"、"春眠不觉晓"这样的短诗，连白居易的《琵琶行》这样的长诗也能一字不差地背诵下来。聪聪不仅喜欢背诗，对书也情有独钟，尤其爱看连环画故事书。

但家里的人，特别是他的母亲，总想让他的天赋得到更好的发挥，好让他尽快地进入到神童的行列。于是又给他买回小学语文课本，提前教他学汉字，并严格规定每天的进度；想让他像爱因斯坦、钱学森等大科学家那样也会拉小提琴，便又找人教孩子学小提琴；又听人说三四岁是孩子学英语的最佳期，英语又成了孩子每天必学的课程。这样，繁多的学习任务都压到了孩子的肩头。学汉字、练小提琴、背英语单词，这些都是大人强制进行的，是孩子自己不情愿的。这样既牺牲了孩子玩的时间，又损害了孩子愉悦的心情，慢慢地聪聪产生了厌倦情绪，以致对书本、对知识失去了应有的爱好与兴趣。上学后成绩平平，成为现实中的方仲永。

关于拔苗助长的故事，大家一定都非常熟悉，大凡有理智的人，也不会模仿故事中的那个愚人，犯类似的错误。可是，在养育孩子的过程中，家长却往往在不知不觉中对孩子拔苗助长，给孩子的未来发展留下很多隐患。因此，父母只有纠正这些错误的做法，还孩子成长的自由，才能把今天的幼苗培养成明天的参天大树。一味地拔苗助长也会在无形中挫伤孩子的学习力，使孩子对学习产生恐惧和排斥。

父母对孩子的教育，之所以会出现拔苗助长的情况，其实是因为父母对孩子掺杂了太多的功利心与世俗评价。

看看下面两个关于拔苗助长的故事。

5岁的天天是上海市一家幼儿园国际班的孩子。父母对他寄托了很大的希望。为此，父母除了送天天上最好的幼儿园外，还在一家早期教育中心报名，让他参加两年制的幼儿早期教育班。他的父母还认为孩子需要学习更多的知识，于是又到其他教育机构给孩子报了些兴趣班，特色语言、创意逻辑、国画、围棋、游泳等5门课程几乎占满了天天的课余时间，以至于天天的日程安排比他当总裁的爸爸还繁忙。

孩子们除了每周在学校上课外，父母在每个周末还安排他们到培训班补习其他的功课。每天从8：30到16：00，每半个小时上一节课，授课内容除了美术、音乐外，还包括识字、英语、算术等。孩子们的游戏时间非常少，仅在上午有不到一个小时的娱乐时间。除了吃饭和一个小时午睡外，孩子们其余时间都是坐在小板凳上学习。因此，在培训班里，有的孩子坐在小板凳上打盹儿，有的孩子为了多睡会儿，午饭胡乱对付几口就要去睡眠室。培训班的孩子平均年龄只有3岁半，但是他们的学习生活却像面临高考的高三学生一样。

　　可见，对早期教育来说，还有很多父母存在着认识和观念上的误区。父母总认为孩子趁年龄小多学点东西只有好处，没有坏处。但是，这种盲目跟风的错误行为造成了一系列的问题：4岁的孩子学小学生英语，记单词累得孩子喘不过气来；5岁的孩子从幼儿园回到家还要写家庭作业；6岁的孩子甚至被要求送到幼儿奥数班开始学习加减乘除；更有甚者，有的幼儿园要求入园不久的孩子们拿起铅笔工工整整地抄写汉字……也有的幼儿园为了突出特色，开办速算班。每个孩子要买算盘进行复杂的数字演算。开课老师还告诉孩子的父母："孩子会很快算加减法，还能开发孩子的右脑。"孩子的父母也常常对此信以为真，期待着孩子经过这些训练能够快速成为天才。还有一些幼儿园完全是按照小学的语文、数学和外语课程设置相应的学习内容。3—4岁的孩子使用的英语教材竟然是义务教育阶段的小学生所用的课本！孩子父母在孩子的学习上盲目提高要求的做法，与拔苗助长故事里那个愚昧无知的农夫毫无二致。这样的例子在目前幼儿教育中屡见不鲜。不可否认，对孩子的教育要趁早，但是这个趁早要有个度，不能因为家长过高的期望值忽略了玩是孩子的天性这一特征。边玩边学，才是孩子最适宜的学习方式。早期教育应该融知识学习于平常的游戏中，重在陶冶情操，激发孩子学习的乐趣，并非不顾科学规律对孩子实行强制学习。事实上，绝大多数3—6岁的孩子身心发育都不适合高强度的学习。孩子在学习书本知识方面能力有限，如果被迫接受长时间的课程化学习，无异于幼小的禾苗被从温暖的土壤中残忍地连根拔起以增加高度。许多孩子在超强度的学习过程中受挫，他们有的很小就产生了对学习的畏惧心理，有的长大后被厌学心理困扰，一旦遇到挫折就会选择放弃努力。所以，父母对孩子的教育一定不要拔苗助长，不要忽视孩子成长的规律和学习力的适度培养，否则，孩子就会向相反的方向发展，给孩子造成难以弥补的创伤。

中国科学院曾在全国范围内进行过一项超常幼儿的追踪研究，对那些幼年早慧、后来表现平凡的孩子的成因进行分析，结果发现，家庭环境教育是导致孩子表现平平最重要的一个原因。因此，对于父母来说，正确而科学的教育方法是非常重要的。

美国一位教育者用"处于危险之中"来形容超常孩子的现状。这些孩子从来不能充分发挥他们的潜力，但这些孩子却以另一种形式表现着他们的与众不同。其中包括注意力不集中、不安静、恶作剧、躁动、不愿上学。随着孩子慢慢长大，更多的孩子会在强大的世俗面前选择屈服、顺从和忍让，埋没了自己的能力。这无疑是父母的悲剧，也是社会的悲哀。因此，父母在对孩子的教育培养中，一定要尊重孩子成长的规律。

1. 尊重孩子成长的规律

孩子的成长是阶段性的，一个阶段有一个阶段的任务。父母要尊重孩子成长的规律，不要指望在孩子早期就让孩子什么都学会，都掌握，这是不现实的也是不可能的。这样的结果，只能抹杀孩子的天性，使孩子的心灵畸形发展。

2. 适度教育，积极合理地引导孩子

父母对孩子的教育要注重针对性，一定要适度合理地进行疏导和培养，只有针对孩子的兴趣或是天赋因势利导，才能达到最好的效果。

麦克斯韦成为英国著名的数学家和物理学家，是与他父亲对他从小的培养分不开的，但他父亲发现他的数学天赋则纯属偶然。麦克斯韦小时候，有一次父亲让麦克斯韦画插满金菊的花瓶，当他父亲看到他画的画后，不由得笑了起来。原来，麦克斯韦画了满纸的几何图形：花瓶是梯形的，菊花是大大小小的一簇簇的圆圈，叶子则是许许多多的三角形。这使麦克斯韦的父亲看到了麦克斯韦的数学天赋，并因势利导地对麦克斯韦进行教育。就这样，麦克斯韦与数学结下了不解之缘，成为英国历史上最伟大的数学

家和物理学家之一。

3. 给孩子充分的自由，让孩子自由发展

真正的人才不是靠父母的严格约束逼出来的。只有给孩子充分的自由，让孩子自由地发展，教育要充分适合孩子的生理年龄、心智发展以及社会的需要，只有这样，父母的教育才能真正激发孩子的潜能，使孩子取得更大的发展。

4. 安排有规律的作息时间

为了孩子的健康成长以及保证良好的学习状态，父母应给孩子安排一份作息时间表，养成晚上按时睡觉、早晨按时起床的习惯。需要注意的是，由于多数孩子暑期生活中睡眠的节奏比较紊乱，所以从开学时，家长就应特别注重培养孩子按时上床睡觉的习惯。只有睡眠充足了，孩子才会精力充沛地迎接新一天的学习和玩乐。另外，每天坚持固定时间的体育运动，也可大大增进孩子的睡眠质量。但是，不要在睡前进行体育锻炼，因为这样做会造成夜间兴奋，延迟睡眠时间。

5. 减轻孩子的负担，释放心理压力

繁重的学习任务和对孩子不切实际的期望，很容易给孩子带来巨大的心理压力。有的父母让孩子每天课内课外学很多东西，致使孩子常常到晚上十一二点才能入睡。在紧张和压力之下，不少孩子出现睡眠不足、失眠、梦魇、遗尿以及磨牙、夜惊加重等睡眠障碍。为此，父母要尽可能减轻孩子的负担，给孩子安排适当的休闲时间，这样不仅能保障孩子健康的睡眠，而且能提高孩子的学习效率。

正确认识和对待孩子的课外阅读行为

歌德曾说："读一本好书，就是在和一个心灵高尚的人谈话。"从这句话中，人们不难看到阅读对于人生成长以及充实心灵的重要性，所以，

父母在教育孩子时也应该正确认识和对待孩子的课外阅读行为。

阅读，特别是课外阅读，是孩子语文实践活动的重要形式，是提高阅读写作水平、增进知识的重要形式。此外，课外阅读还能陶冶孩子的情操，培养孩子的自学能力，促进孩子的健康成长。所以，良好的课外阅读不仅能够为孩子的人生打好底色，还会为孩子终身的学习奠定坚实的基础。

课外阅读行为是一种积极的应该得到倡导的行为。作为父母，只要积极合理地引导，就能够使孩子沿着正确的方向良性发展。如果父母不能正确认识和对待孩子的课外阅读行为，总是以硬性的学校学习标准来要求孩子，压制孩子的课外阅读，就会对孩子的成长造成极大的不良影响。

下面，来看一下一些父母对待孩子的课外阅读行为的不良态度和做法。

博博很聪明，刚上小学三年级就开始看厚厚的大部头著作了，且看起来就爱不释手。爱看书本来是件好事，博博的爸爸却不这样认为。他说孩子什么都好，就是太爱看闲书。他认为儿子看太多的闲书会影响学习。在多次劝说、干涉甚至动武都收效甚微后，博博的爸爸想出了一个自以为挺高明的办法。

春节前，博博爸爸从新华书店购了一大包书回来，作为送给儿子的新年礼物。博博高兴得直跳，以为爸爸解除了自己看课外书的禁令，但打开后一看，博博小嘴巴立刻撅得老高，那叫什么书？都是习题集之类的辅导材料，后面还附有作业，都要做的！博博爸爸的这个办法叫以书压书。博博爸爸想：你不是喜欢看书吗？我就给你这么多书看，这样，看你还能再去看其他的闲书！

小勇是一个很爱看课外书的孩子，他借了同学一本长篇小说，说好三天后归还，但三天后小勇谎称书尚未看完，要求再续借几天。几天后小勇还是没有归还，提起书来支支吾吾的。于是同学以为小勇想赖账不

还，就告到了班主任那儿。老师向小勇一了解，他竟哭了起来，说书已经被妈妈撕了。

原来，妈妈一直反对小勇阅读课外书。那天放学回家后，小勇一头钻进他的房间里，关上门，埋头读那本长篇小说。刚巧妈妈要他帮忙，连叫几遍他都没听到，等妈妈推开了房门，见到儿子又在看"闲书"，且看得那么入神，一怒之下就把那本小说给撕了。

博博的爸爸和小勇的妈妈希望孩子尽快提高学习成绩的心情是可以理解的，可他们没有正确认识孩子的课外阅读行为以及孩子的阅读兴趣。良好的阅读不仅不会耽误学习，反而会有效地促进学习，使学习更加具有效率，具有弹性。如果父母刻意压制而不是积极引导孩子的课外阅读，就会使孩子的阅读兴趣遭到极大的伤害，也会使孩子的学习变得非常艰涩，对学习失去兴趣。不仅如此，孩子还会对父母强行要求的行为产生厌烦、恐惧的心理，以致对学习产生心理上的抵制，将学习视为"恶梦"，将课外阅读看做是一件偷偷摸摸的事。所以，父母能否正确认识和对待孩子的课外阅读行为是非常重要的，它将直接关系着孩子今后的学习与成长。同时这一行为也会在无形中挫伤孩子的学习积极性，抹杀孩子的创造性。

学校的课程一般来说是一种基础性的教育，学好学校的课程是无可非议的，但是如果父母一味地追求学校的成绩而压制孩子的课外阅读行为，就会限制孩子的思维。因为教科书的内容不可能也无法无所不包，但是孩子头脑里却总是充满了形形色色对于未知的疑惑，光靠课本是解答不了的。所以，这就要靠其他渠道来补充，课外阅读就是这样的一剂良药。可见，父母眼中的闲书并不是无关紧要的杂书，而是正经书必不可缺少的补充和拓宽。父母积极有效地指导孩子饶有兴味地读点闲书，不仅可以增长孩子的见识、发掘孩子的兴趣，还可以转换孩子的思维，更有利于孩子的健康成长。

点 迷

指 津

"热爱读书，每天阅读，养成习惯，坚持终身。"是指导孩子课外阅读时的原则和准绳。父母都希望自己的孩子成为学识渊博的人，然而，要达到这一目标就要积极地引导孩子的课外阅读行为，让孩子在阅读中开拓自己的视野，丰满自己的心灵。

1. 根据孩子的爱好选择不同的课外读物

苏联著名教育家苏霍姆林斯基指出：给孩子选择合适的课外读物是教育者极重要的任务。要完成这个任务，教育者的立足点就要从孩子出发，以孩子的兴趣为中心通盘考虑，综合开发课外阅读的源头活水。

一些到了中高年级还迷恋玩具和幼儿游戏的孩子，大多没有读闲书的习惯。他们的表达能力通常都不会很好。英国科学家培根说："史鉴使人明智，诗歌使人巧慧，数学使人精细，博物之学使人深沉，伦理之学使人庄重，逻辑与修辞使人善辩。"由此可见，各门知识都能从各个不同的角度陶冶人的情操和品行。对于孩子来说，如果一心只读教科书，就不能及时地吸收新知识，收获必然是有限的。因此，父母要积极地引导孩子进行课外阅读。不同孩子的阅读个性是有差异的，父母要根据孩子的兴趣爱好，有目的地给孩子选择一些书籍来阅读，这对孩子发展自身爱好、特长是非常有帮助的。比如：喜欢书法、篆刻的孩子，父母可以找一些艺术类的书籍来让孩子阅读；爱好无线电的孩子，父母可以找一些电子技术、家电维修的书籍来让孩子阅读；喜爱研究天文地理的孩子，父母可以多让孩子阅读一些介绍宇宙世界、大自然知识的读物……

2. 课外读物要能满足孩子心理需求

现在对孩子的教育越来越重视"兴趣"二字，顺着这种思路想下去，那就是只要孩子感兴趣的都可以读。这本来是特别有道理的，但一旦面对孩子，这种道理有时会变得很无力，因为孩子似乎除了对那些父母认为益处不大、趣味不高甚至有些无聊的东西感兴趣外，并不能对什么都

感兴趣。于是父母就有必要进行引导，但是很多父母却想当然地把自己感兴趣的阅读物交给孩子。父母常常认为：孩子是一张白纸，孩子不可能真的有自己的兴趣，孩子的兴趣依赖于父母的培养。但是，孩子是有自己的心理需要的，父母要想真正地引导孩子开展课外阅读，就要首先从孩子的心理需求入手。

孩子的心理需求具有年龄特征，小学阶段的孩子一般都具有好奇心强，好表现的心理特点，比较渴望神秘、冒险、刺激，仰慕机智、勇敢、轰轰烈烈等。了解了这一点，父母就不会奇怪《海底两万里》、《木偶奇遇记》、《吹牛大王历险记》等会成为儿童文学的经典，成为几代人的钟爱；也就不会惊讶于《哈利·波特》能誉满全球，《拇指牛》、《魔法学校》能畅销全国了。同时，父母也要看到这种心理需求是有个体差异的。有一些孩子的情感比较细腻，稍大一些又会有青春期的心理萌动，因此，有针对性地推荐一些描写青少年爱情心理的作品也未尝不可，比如《少年维特的烦恼》、《猫狗之恋》等，阅读这些作品不是鼓励孩子们早恋，恰恰相反，它的积极意义在于帮助孩子树立正确的恋爱观。

3. 课外读物要能适应孩子的时尚需求

前几年，郑渊洁的"皮皮鲁"和"鲁西西"横扫童话世界，成为中国几千万孩子童话梦中的主人公。郑渊洁也就自然而然地成了"童话大王"。这种校园时尚、儿童时尚应该成为课外阅读及课外阅读指导的宝贵契机和资源，可惜的是父母往往忽略、甚至粗暴地给予扼杀。

不可否认，时尚图书有利有弊，既可能因为它的低劣质量导致孩子心理的扭曲，也可能会为儿童撑开一片想象的天空。一些图书的内容、艺术手法上显得稚嫩，粗糙、牵强、荒谬之处甚多，在恐怖的分寸把握上也稍欠火候，在情爱问题上牵扯得过头，不能把握好"安全恐怖""纯洁情感"的尺度，不能守住少儿图书应具备的最基本的艺术标杆和伦理底线。像这样的书，父母绝对是应予以制止的。

但是，更多的时尚图书是有其充分的流行因素的，这些流行因素中包括：正义的感召、美好的幻想、过人的机智、天真的童趣等。对待这种时尚阅读的正确态度和做法应该是：一要积极地亲身体验这种时尚。

父母应该有这样的自信：如果孩子有发自内心的激动和兴趣，那么，阅读对孩子将大有裨益。二要积极地引领这种时尚，如一位香港妈妈，亲自为孩子朗诵《哈利·波特》片断等。

4. 引导孩子读经典名著，纯洁孩子的精神世界

阅读经典名著是课外阅读的最高境界，也是一个成熟的阅读者必须经历的一段生命历程。余秋雨先生认为：幼小的心灵纯净空廓，由经典名著奠基可以激发他们一生的文化向往。当我们看到，当孩子沉浸在阅读经典名著的喜悦中，目光炯炯，神采飞扬时，我们会感受到经典名著对于孩子心灵的呵护，精神的滋养已如春雨点点入土。其实，我们并不期待经典名著能教会孩子学会语文，但它能温暖他们的心灵，打开他们美好而又人道的感受世界的大门，激发他们心中善良的、温柔的一面。

对孩子而言，经典名著并不仅仅是中国的《唐诗三百首》、《三国演义》、《西游记》和《水浒传》等四大古典名著，也不仅仅是国外的《唐·吉诃德》、《约翰·克利斯朵夫》等，成人世界的经典也可以成为孩子眼中的经典。但是孩子也有自己的经典：《绿野仙踪》、《狐狸列娜的故事》、《木偶奇遇记》、《爱的教育》、《神笔马良》以及安徒生、格林童话等。一般来说，只有符合儿童的心理和认知发展水平的课外读物，才是能促进孩子进一步完美地发展的课外读物，才能纯洁孩子的精神世界，才能敞亮孩子的心扉，才能成为孩子的经典。因此，父母一定要从这个方面和角度去思考和认识孩子的课外阅读行为。

正确认识和对待孩子的培训班教育

在孩子参加学校学习的过程中，父母为孩子报一两个培训班是可行的。但是如果父母不考虑孩子的心理需求与爱好，过多地为孩子报培训班就会给孩子带来极大的困扰，也会给孩子的成长带来极大的危害。

　　欧美教育学者研究认为：从学习的生理心理过程看，在学习新知识时，信息通过感觉通道进入大脑边缘系统，经对信息的意义和价值初步评价后，进而进入大脑皮层加以深入判断。判断为有意义的知识信息，就会使大脑产生一种活性物质，促使神经系统网络易于接通，信息被接受和储存。孩子如果感到有意义，认为重要，就会学得快乐，大脑被激活，从而能轻松愉快地学，效率高。反之，若孩子认为知识信息不重要、没有意义就不愿学。大脑也就不释放活性物质，神经网络就不被激活，知识信息就进不了神经网络，储存不牢，记不住。结果就会学得苦、学得累，效果差。

　　因此，父母在为孩子选择培训班的时候，就一定要注重孩子的生理心理需要，一定要正确认识和对待为孩子选择培训班的行为。培训班是对孩子知识能力的一种扩充和拓展。父母不能盲目地为孩子选择培训班，不要认为孩子参加的培训班越多越好。父母在选择培训班的时候一定要充分考虑孩子的兴趣爱好，考虑孩子的学习承受能力。毕竟爱玩是孩子的天性，在孩子意识中周末或是放假就是玩的时间，如果在该玩的时间父母却要给孩子安排上各种各样的培训班，不仅不能达到预期的效果，反而会压抑孩子个性的发展，甚至会影响孩子在正常学习时间的效率和进度。因此，父母在为孩子选择培训班的时候一定要针对孩子的特点，针对孩子成长的需要，如果盲目地追求报班的数量，只会适得其反。孩子的成长需要一片自由的天空，所以，在参加培训班的问题上，父母需要从孩子的角度去思考问题，不要给孩子太大的压力。

　　有的父母或许会说："现在的学习、就业竞争多激烈啊，不能让孩子输在起跑线上。不多上几个培训班，孩子在某方面的潜质就可能会被埋没；不多补补课，孩子的竞争力肯定输人一筹。"于是，"上班风"、"补课风"愈演愈烈，有的孩子甚至一年上五六个培训班，负担越来越重。

　　在父母眼里，或许认为给孩子报的培训班是给孩子提供更多的选择机会，为孩子今后人生的发展奠定良好的基础。可是，不要把父母的爱作为伤害孩子的理由和借口，只有给予孩子真正需要的才是最有价值的。

中国大多数父母通常认为：学习总无害，多学总有益，孩子应学得越多越好。于是父母威逼利诱孩子上各种培训班，孩子也成了家里最忙的人。父母亲的双休日成了送孩子到处补习的"送学日"。不少孩子的业余时间消耗在练习、考证中，甚至有的孩子一个月内要参加多次外语等级考试。

对孩子学习内容的过分追求，实际上折射出急功近利的浮躁心态和变异竞争的偏执风气。一些教育专家和一线教育工作者认为，孩子刚入学就有高年级的文化程度，看起来比一般孩子超前，实际上没有持续先发效应。而且这是以牺牲孩子的正常欢乐为代价，让孩子完全没了戏要和游戏的闲暇时间，这是完全有悖于孩子的成长规律的。

点迷指津

给孩子上一些培训班无可厚非，有时候也是非常必要的。但把孩子可以在后来学习中完成的任务提前化，看起来是超前，其实是透支。学习并非是越多越好，太多了反而会消化不良，甚至引起厌学。真正的学习是快乐的，当快乐的心情不存在时，学习也就跟着停止。适时适当适量的学习有益于孩子的成长，父母应该清楚地认识到这一点。

1. 根据孩子的特点和兴趣来选班

孩子们的兴趣是因人而异的，天分和喜好也各有不同。有的孩子有这方面的能力，而有的孩子就可能会差一点，因此，父母一定要因材施教，找到孩子最喜欢、最适合的方面。只有具有针对性地为孩子报培训班，才能使孩子的能力得到进一步的开发和促进，否则硬性的要求只能使孩子成为学习的奴隶。

2. 让孩子利用自己的经验去学习

孩子认识事物，一般都是以自己的经验为中介的，这是孩子情绪化的另一个特点。在孩子的心目中，任何事物都跟自己的经验有很直接的联系。孩子吃苹果感觉到了甜，他不认为甜是苹果本身所具有的，而认为是里面加了糖。这显然是孩子喝奶时加糖的生活经验的反映。

根据孩子的这个特点，父母对他们进行知识教育的时候，一定要把有关的知识和孩子本人的生活体验联系起来，才便于孩子理解，否则就会出力不讨好。

3. 尽量给孩子一个快乐纯真的童年

现在孩子的压力已经很大了，家庭作业一大堆，父母还要给孩子报各种各样的补习班，使孩子很少去接触自然，很少去痛痛快快地玩一玩。这是一种非常可怕的现象，也是一种不正常的培养和教育模式。人生其实就是一场马拉松，最终取胜的不一定就是最开始跑在前面的人。父母考虑的不仅是要让孩子赢在起点，更重要的是让孩子赢在终点。在孩子小的时候，我们应该注重的是孩子的道德教育和素质教育，并不一定要追求和攀比孩子的学习成绩、参加的培训班数量。父母要善于给孩子一个快乐纯真的童年，要善于运用教育学的规律来培养和教育孩子，且不可急功近利，认为孩子小时候参加的培训班越多越好。

4. 给孩子游戏的时间

专家们一致认为，孩子的主要活动是游戏而不是正规的学习，幼儿园、学前班就是如此。

父母应该明白，游戏本身就是学习。孩子在游戏中能够学到非常重要的东西。把游戏与学习对立起来，人为地把知识学习和游戏割离开来，结果自然是学得死板，玩得无味。如果父母希望自己的孩子学得更好，学到更多的知识，增强各方面的能力，开发出更多的潜能，就应该制造好的氛围，让孩子在情绪化中学得更好，学得更加生动活泼。

5. 别让培训班成为孩子的一种负担

父母对培训班一定要一分为二地看待，凡事过犹不及。像体育类、艺术类、文化类等对孩子的全面发展有好处的培训班，可以有针对性地考虑取舍，但同时又要考虑数量的适度，不要让培训班成为孩子的一种负担，一种每天应付的差事。父母为孩子报什么样的培训班，最好是和孩子一起商量、挑选，如果孩子不想学，也不要硬逼着孩子去学。同时不要把周末或者放假的时间都排得满满的，最好是给孩子一种合理安排上培训班的时间，留出给孩子玩的时间。

正确督促孩子的学习

孩子的自制能力与自觉性都不是很高，在学习的时候很容易出现偷工减料的情况，需要父母给予一定的督促。父母如果不能把握好督促的尺度，就会适得其反，就会给孩子的成长造成不利的影响。

学习就是一种求知，而孩子天生具有好奇的心理，因此学习对孩子有一种不可遏制的吸引力。自然而畅达的学习会伴随孩子成长的每一个足迹。它没有功利的目的，不存在硬性的要求和管制，很大程度上，那是一种对未知世界渴求的本能驱使。但不可否认的是，爱玩也是孩子的天性，特别是在学校的学习中，孩子往往对学习并不是那么的积极，总有一点学习的惰性。所以，孩子成长的过程中，父母对孩子的学习进行督促是非常必要的。只要父母能够根据孩子成长的特点，适时地对孩子进行一定的引导和督促，那么学习对孩子来说将会是一件快乐而自然的事。

但是，有些父母并没有真正地认识到这一点。他们总认为孩子的学习必须靠父母来督促，如果父母有丝毫放松就会使孩子在学习上差人一等，所以，父母总会以各种的评比、排名和分数来作为孩子进退的标准以及自己是否要加强督促的依据。可是，令父母没有想到的是，父母越是对孩子督促，反而越是激发孩子的逆反心理，使孩子产生厌学的情绪。有的父母对孩子的督促已经成了一种高压的政策，让孩子喘不过气来。这时的督促也就变得毫无意义，只能成为孩子学习路上的障碍。因此，父母一定要正确认识和对待孩子的学习，适时而恰当地对孩子的学习进行督促。

指 点 迷 津

学习是孩子成长过程中最为重要、最为关键的事，父母给予一定的督促是无可非议的，但是任何事情都要讲究方式方法。如果父母不考虑孩子成长的特点和自身的需求，盲目地对孩子的学习进行督促只能适得其反，给孩子带来负面的压力。所以，父母在督促孩子学习时一定要运用科学的方法，合理而适度地对孩子进行督促，否则父母的希望只能化为泡影。

那么，具体来说，父母应该如何以最佳的方式对孩子的学习进行积极而有效的督促呢？

1. 让孩子远离不良情绪

一般来说，厌学都是有苗头的。比如，少看或不看某科目的教科书，对某门课的家庭作业马马虎虎地对付；心不在焉，谈到某门功课的话题时提不起精神来，等等。一旦父母发现孩子有了这种现象，就要及时过问，了解情况，以便对症下药，纠正孩子厌学等不良情绪。发现孩子有厌学情绪，父母还要及时与老师沟通，弄清原因。

2. 培养孩子的学习兴趣

孩子厌学，大多是因为缺乏兴趣。培养孩子学习的兴趣，在很大程度上能够帮助孩子克服学习上的困难，避免厌学情绪的发生。如学外语，用一些趣味性的、游戏的方法来帮助孩子记忆，就不会觉得枯燥乏味。有的父母把五颜六色的纸写满了单词，放在孩子看得到的地方。父母对孩子学习上的最好帮助，就是引发并帮助他们培养一个良好的学习兴趣、一个持久的学习动机。实际上，孩子的厌学情绪有时也是在失败中积累起来的。所以，父母若想帮助孩子保持良好的学习兴趣，就要让孩子看到成功的希望，体验到成功，不要让孩子总是处于失败境地，被失败情绪击打得抬不起头，就会影响孩子的学习和生活。

3. 保持良好的家庭学习氛围

在家庭中，父母应为孩子营造温馨、和谐的学习氛围。父母在孩子上小学和初中时，习惯于陪读，像监工一样，以为这样就放心了。这是对孩子的不信任，不仅影响孩子的心情，还会增加孩子的逆反心理。榜样的力量是无穷的，若孩子看书学习时，家长也在看书学习，就是在给孩子树立好的榜样，就是在营造一个温馨的学习环境。在这样的环境熏陶下，孩子自然会逐渐养成良好的学习习惯，拥有积极的学习态度。

4. 要掌握孩子的特点，有的放矢地进行督促

父母对孩子学习的督促行为一定要立足于孩子成长的特点和学习习惯，只有真正地了解孩子、掌握孩子的学习，才能以最好的方式督促孩子的学习，使孩子的学习得心应手。

5. 劳逸结合，摒弃自身的攀比心理

父母对孩子学习的督促一定要坚持科学的方法，不要一味地追求孩子的学习时间和学习强度，更不能拿孩子的学习成绩作为自己炫耀的资本，相互攀比。对孩子学习的督促一定要适时、适度，否则，只会适得其反。

6. 不要一味地娇惯孩子，让孩子独立而全身心地学习

父母不要一味地娇惯孩子，不要向孩子提出学习不好会安排其他的出路，要学会让孩子认识到学习是为自己的未来、为自己的人生学习。

正确认识和对待为孩子请家教的行为

家教，是对孩子教育的一种补充和提高，已经成为现在的一种教育时尚。特别是在现在的教育环境下，良好的家教对孩子的成长和知识的增进具有重要的作用。但是，父母在请家教的同时也要注意一定的方法，坚持一定的原则。

　　家教在现在的教育环境下，已经成为父母教育孩子的有力保障和重大推动力。不容否认，家教对孩子的学习具有十分重要的作用，是针对现在教育现状的一种有效补充。但是，为孩子请家教不是一件简简单单的事。父母一定要正确认识和对待为孩子请家教的行为。适时的家教有以下的好处和优点。

　　1. 可及时补上欠缺的知识

　　目前，中小学生的学习负担均较重，新知识多，作业量大。对于孩子来说，难免有一些消化不了的东西。在此情况下，如不能及时地把所欠缺的知识补起来，势必造成恶性循环，不理解的东西越压越多。请家教可以弥补这方面的不足。

　　2. 请家教可以有针对性地单独授课

　　教师在课堂上，只能面对大多数孩子的水平和进度授课，不可能面面俱到。而思维较慢、接受能力较弱的孩子，在这种情况下会感觉听起课来很吃力。往往是教师授课的几句话反应不过来，随即就失掉了继续向下听的兴趣。相反，家庭教师面对面地授课，且授课之前对孩子水平已有了解，针对性较强，并给孩子留有充分的考虑余地。孩子在此种环境里学习，情绪会放松下来，学习的效率自然也会大大提高。

　　3. 可以增强学习较差的孩子的兴趣和信心

　　家庭教师在面对一个学生单独授课的时候，情绪相应地也十分放松，不会有紧张、急躁等情绪。而且经验丰富的老师会用幽默的语言提高学生的学习兴趣。学习较差的孩子大多有一定的自卑心理，老师会在授课中帮助他们树立起自信心。

　　4. 能纠正孩子的不良学习习惯，使孩子掌握正确的学习方法

　　学习较差的孩子，除智力因素外，大多在长时间里形成了这样那样的不良学习习惯。而对于不做教育工作的父母来说，很难发现自己孩子在学习上的某些弊端。家庭教师就不同了，他们凭借着专业的本领和丰富的经验，会立即发现问题所在，并在潜移默化中帮助孩子纠正不良习惯，使孩子在补上功课的同时，逐渐掌握正确的学习方法。

5. 节省孩子时间

为孩子请家教，能够及时地解决孩子在学习中遇到的问题，极大地节省孩子的时间，提高孩子学习的效率。

虽然说请家教有诸多的好处，但是如果父母不能够科学地选择家教，不论孩子学业如何，不管孩子是否乐意，不管孩子有无兴趣，盲目地给孩子请家教，都不能有效地促进孩子的学习，达到预期的效果。那么什么样的孩子比较适合请家教呢？

一是误课较多，跟不上进度或有偏科现象等，这时，应当考虑为孩子请个家庭教师。

二是学习成绩差的孩子。学习成绩差的孩子在课堂上总是羞于向老师提问，即使鼓足勇气提问，有些老师不注意方式方法，当面指责孩子，会打击孩子的积极性。为孩子请一个好的家教，不仅可以讲解孩子没有学会的知识，还能够帮助孩子树立起学习的信心。

三是为了进一步提高，可以为孩子请家教。

比如一位叫陈琴琴的孩子，平时喜欢英语，学习成绩也相当不错。她的妈妈为了进一步提高她的英语水平，特意请了一位女研究生，每周一次与她进行口语对话。慢慢的，她对学习英语的兴趣更加浓厚，英语成绩又有了新的提高

因此，是否需要给孩子请家教，要针对孩子的具体情况来确定。如果孩子的各方面素质都很优秀，自然没多大必要请家教。如果孩子习惯性地在课堂上注意力不集中，不能安心听讲，请家教会使孩子在课堂上精力更难集中，在心理上反而会产生一定的依赖思想，久而久之，会助长孩子的懒惰思想。

点　迷
指　　津

从教育学的角度看，孩子与孩子之间的智力因素、接受能力、学习兴趣等都存在着一定的差异。不同的孩子对各门功课的掌握不可能处于

同一水准。所以，父母为孩子有针对性地选择优秀家教，能够把孩子在课堂上学得不够透彻或掌握不够系统的知识，进行梳理、点拨、查缺补漏、解难答疑，这样既能帮助孩子温故知新，又能及时为孩子清除学习障碍，自然是一举多得的事情。但是也有一些父母认为家教作为辅导教学，就是"一顿学习加餐"，能给孩子补充充足的知识营养，所以，多多益善。因此，父母一定要端正为孩子请家教的行为。总体来说，父母在为孩子请家教的时候坚持这样的原则：一是不要盲目从众；二是请家教必须征得孩子同意；三是不要给孩子增加过重的学习负担。

那么，父母在为孩子请家教的时候，应该考虑什么因素以及怎样才能请到最适合孩子的家教呢？

1. 要了解孩子的具体情况

父母在为孩子请家教时，应了解其在课堂上的学习情况，然后把孩子的情况和家长的要求实事求是地告诉老师，让家教老师根据孩子的具体情况，恰到好处地施教。优秀的家庭教师通过言传身教，不但能提高孩子的文化成绩，而且有利于孩子的社会化。否则，反而会帮倒忙。师生性格宜刚柔相济，对于性格内向、少言寡语的孩子，开朗活泼的家庭教师应给孩子以亲切感，从而活跃气氛，开拓孩子的思维。对于顽皮好动的孩子，父母应请严肃、稳重的家庭教师，这样会给孩子一种威严感，使孩子学会控制自己的能力。

2. 要避免盲从

父母选择家教不能只看老师有没有名，真正要看的是这个家教适合不适合自己孩子的需要。教育专家普遍认为，教育应该因材施教，唯名是举是与之背道而驰的。许多城市的家教市场对名师的炒作，实则是加大对利益的追求。好老师不是职称越高越好，也不是名气越大越好，而是能和所施教的孩子顺利沟通，有效交流。

3. 切忌常请常换

家庭教师宜相对固定。家庭教师对孩子的了解需要一个过程，只有充分了解后，才能因材施教。

4. 请家教要和孩子商量

做到这一点虽然不费什么劲，却让孩子感到自己渐渐长大，已经能当家做主了；而在请家教的过程中，孩子能自己挑选合适的老师，这不但锻炼了孩子的社交能力，还能增强孩子的学习动力。

5. 请家教以后也应让家教及时与老师进行沟通

让家教和学校老师及时地进行沟通，能够使老师和家教都能真正了解孩子的具体状况，从而达到学校与家庭教育的统一。

6. 请家教不仅要了解其知识是否丰富，更要了解其是否拥有爱心和良好的品质

家教在教孩子时，不但是在教知识，同时也是在通过自己的言行影响孩子思想性格的形成。所以，请家教一定要请品质高尚的才对。

7. 家教的教学质量不能单纯看孩子的成绩，更要看孩子有没有形成良好的思考习惯和学习方法。

"授之以鱼，不如授之以渔。"请家教时一定要考虑家教教员是否能够有效地培养出孩子良好的思考和学习习惯。

8. 家教的学科不能过多

家教应根据孩子的学习情况和个人要求，选择重点课目进行家教辅导。千万不能全面开花，不给孩子一点休整时间。否则，个别的学生会出现"外边请家教，课上睡大觉"的现象。

正确认识和对待孩子的学习成绩

父母一定要正确认识和看待孩子学习成绩的好坏，不要一味地追求孩子的高分数。孩子的发展是全方位的，如果只是把学习成绩的好坏作为评价孩子的标准和依据，就会使成绩差的孩子越来越差，成绩好的孩子追求越来越单调。

　　尽管我国早已经提倡素质教育，但考试还是存在的，父母关心孩子的考试分数也无可非议，但是如果父母只是把自己的目光集中在孩子的学习成绩上，不仅不会使孩子重视学习，成为督促孩子学习的动力，反而会使孩子对学习产生恐惧情绪，不利于孩子的健康全面发展。因此，父母一定要正确认识和看待孩子的学习成绩，不要把孩子的学习成绩作为判断孩子学习优劣的唯一标准。

　　一天，一位母亲责问刚放学回家的孩子："你怎么这么差？考了这么低的分，难道你天天上学就是为了拿个不及格吗？"孩子委屈地说："这次我努力了，可是……""可是什么？"孩子还没有说完，就听见母亲的喉咙一下子响了起来："小军上次和你考得一样，这回人家升到了前10名，而你不但没进步，还落后了。你不感觉丢人，我还替你丢人呢！看来你真是没出息了！""我跳绳优秀！""你还犟嘴，跳绳优秀有什么用？"一阵阵的责骂声和孩子委屈的哭声陆续传来。

　　孩子学习差，父母着急、气恼，都是可以理解的。但粗暴对待孩子，既无益于孩子学习的进步，也会加深父母与孩子间的矛盾，不利于进一步对孩子的教育。所以，父母对学习不好的孩子有一个正确的教育态度是很重要的。父母如果把孩子考试分数作为衡量孩子学业优劣的唯一标准，片面地夸大成绩的作用，对待分数高的孩子，就表现得十分高兴，给予各种奖励；对待分数低的孩子，就非打即骂，给予各种处罚。这无疑会给孩子的成长造成极大的创伤和危害。

　　其实，考试并不能检查学业的全部。父母不要总是两眼盯在分数上。父母只有信任孩子，对孩子满怀期望，才能调动孩子的自尊心、自信心，孩子也才能具有追求进步的内部动力。

　　父母应该了解，学习成绩不好的孩子对他人的态度特别敏感，稍有不慎，就会伤害孩子的自尊心。父母只有找出孩子成绩差的原因，有针对性地对孩子进行培养和教育，才能有效地提高孩子的学习成绩。

点　迷
指　　津

由于孩子成绩差的原因是复杂的、多方面的，因此父母就要抓住孩子成绩差的原因，采取科学合理的方法对孩子进行教育，如帮助孩子树立好的学习目标和学习动机，教育孩子要有正确的学习态度，让孩子掌握正确的学习方法等。其中关键是对孩子既要理解宽容，又要严格要求。父母要积极主动地与学校老师联系，交换情况，共同磋商，找到好的方法。很多时候，孩子学习成绩差，只是其发展过程中暂时的波折，只要父母正确认识，并加以适当的教育，就能及时地改变这种状况。

那么，父母应如何科学对待孩子的分数，有效地提高孩子的学习力呢？

1. 主动了解考试的目的

目的不同，反映的问题就不同。就学科考试而言，每个学校基本有进度测试、摸底测试、总结性测试和诊断性测试等。其中有偏重知识水平的测试，也有偏重能力发展的测试。父母只有弄清了考试目的，才能看出它所反映的问题。比如，有的孩子在偏重知识识记的测试中分数高，而在偏重知识运用的考试中分数低。此时，父母就不能简单地以这种高低来判断孩子的学习进步或退步。再比如，学期中的进度测试其难度往往要小于诊断性测试和期末总结性测试。因此，期中考试得了高分并不意味着期末考试也会"丰收"。

2. 认真分析分数的信度和效度

这里的信度和效度也就是真实性，它容易受诸多因素的影响。父母在面对孩子学习成绩的时候，就有必要与孩子一起认真分析分数的真实性，包括孩子本人、全班甚至全校考试的分数真实性。只有对其有了深刻的认识，才能依据"修正"以后的分数来分析问题，得出正确的结论。

3. 善于在分析中发现孩子的进步，并积极地激励孩子

善于从分析中发现孩子的进步，并及时给予恰当的表扬，以充分发

挥分数的激励功能。发现孩子学习成绩下降时，父母更应该给予鼓励与帮助，从孩子的诸多不足中发现闪光点。比如：若总分下降，单科分有无上升，从知识结构看，有无掌握较好、丢分不多的部分，父母要以发展的眼光看待孩子，鼓励孩子克服困难，迎头赶上，考出好的分数。而那种"一棍子打死"的做法，只会扑灭孩子的希望之火，使孩子自暴自弃。

明智的父母在孩子成绩进步时要提醒孩子勿骄傲，勿轻浮，脚踏实地，一步一个脚印去迎接更艰巨的挑战；而在孩子考试失利时，首先要给予孩子最渴望得到的安慰和鼓励，而不是责骂和棒喝，要帮助孩子分析失利的原因，培养孩子不怕困难、急流勇进的精神。这样，孩子才可能以更优异的成绩来回报关心他、爱护他的父母。

4. 学习态度和兴趣比分数更重要

孩子只要热爱学习就有希望。爱学习的孩子能够体验学习的快乐，能够持久地学习下去。父母要让孩子好好学习，就得给他一个宽松的环境。有远见的父母不会为孩子的一时得失而丧气，要鼓励孩子善待生活，发展兴趣，这样才能使孩子成为一个坚持奋斗、不懈努力，向着自己理想目标前进的好孩子。

5. 树立孩子的自信

很多的科学研究都证明，人的潜力是很大的，但大多数人并没有有效地开发这种潜力。其中，人的自信力是很重要的一个方面。无论何时何地，做任何事情，有了这种自信力，就有了一种必胜的信念。它能使人很快摆脱失败的阴影。相反，一个人如果失掉了自信，那他就会一事无成，而且很容易陷入永远的自卑之中。

6. 让孩子保持良好的情绪

每个人都曾经有过这样的体会：如果某一天，自己精神饱满而且情绪高涨，那么在学习一样东西时就会感到很轻松，学得也快。其实这正是孩子学习效率高的时候。因此，保持孩子情绪良好是十分重要的。父母在日常生活中，应当让孩子保持一个较为开朗的心境，不要过多地去想那些不顺心的事，让孩子以一种热情向上的乐观生活态度去对待周围的人和事，因为这样孩子才能以良好的精神状态投入到学习中去。

7. 别用单一标准衡量孩子

不要总是给孩子讲"孩子，只要你把学习搞好，别的什么都不用管"，不要总是以学习成绩来要求和评价孩子。每个孩子都是独一无二的，在这方面没有优势，在其他方面可能就有优势。发现孩子多方面的聪明才智并加以培育，照样可以让孩子成才。

第六章
社交力决定孩子的成败

社交力是孩子走向社会、适应生活的必备能力。良好的社交力不仅能够在无形中开拓孩子的人生，增加孩子今后人生成功的机遇，而且还会在潜移默化中促进孩子建立起健康、高效的人际关系。

正确地引导孩子与陌生人交往

人生就是不断地把陌生人变成熟人的过程，与陌生人交往是一种能力，也是一种必备的生存资本。这种能力和资本应该从小就开始对孩子进行培养和教育，只有正确地引导孩子与陌生人交往，才能不断拓宽孩子成长的道路，使孩子更容易获得成功。

孩子一般长到6个月左右的时候，就开始害怕生人了。在他们眼里最亲且最熟悉的就要数每天带着他们的爷爷奶奶爸爸妈妈了，所以孩子偶尔出门碰见陌生人就会表现出焦虑、胆怯，其实这是很正常的。这时父母应该正确地引导孩子和陌生人交流，而不是用恐吓和强迫的方式让孩子与陌生人拉开距离，在孩子的心里对陌生人产生一种恐惧感。

引导孩子与陌生人交往，并不是说把孩子置于危险之中，相反，它能够正确地引导孩子如何与陌生人交往，很好地保护自己。如果父母一味地丑化外界的陌生人，使孩子与陌生人时刻保持着一种恐惧、担心的距离，那么孩子今后的人际关系就很难展开，也很难融入到社会的大环境中去。因此，父母一定要敢于、善于正确地引导孩子与陌生人交流。这样，不仅会培养孩子的勇气，还能够增强孩子的人际交往能力，使孩子今后更加自如地应对各种人际关系和社会交往。毕竟，孩子走向社会之后，不可避免地要同陌生人打交道，要接触形形色色的人。如果孩子对陌生人总是怀有一种潜在的恐惧，就很难让孩子适应社会、适应生活。

一位母亲讲述了自己的一次经历：

一个八九岁的小姑娘用嫩嫩的童音向售票员问道："阿姨，这路车到不到动物园？""不去。"售票员在车上头也不抬，冷冰冰地回答。小姑娘失望地退了回来。我站在路边等车，不由得多看了她几眼，看她无助的样子，我想我应该去告诉她答案。

我走到小姑娘旁边："你去哪儿啊？"我的声音温柔得让我自己都有点儿惊奇。小姑娘怯怯地望着我，把我审视了一遍又一遍。"是动物园吗？刚好咱们同路。"我等着小姑娘欣喜地询问我该乘哪路车，我心里想着她羞涩而真诚的一声感谢。可是小姑娘只是警惕地看了看我，露出了一种我永远也无法理解的干瘪的笑。过了一会儿，小姑娘掏出了一元的硬币，很无聊地在手上玩弄着。我知道到动物园要两元的车票，不禁为小姑娘担心起来。"到动物园要两元的票呀！"说着，我掏出了一元钱递给她。可是小姑娘本能地向后退了几步，眼神里暗藏的警惕化作了一丝惊恐。然后，我尴尬地把手缩了回来。

车终于来了。"上吧，就这路车。"我一个箭步跨上了车，小姑娘还在那儿犹豫着，不肯上来。"快上来呀，车马上要开了。"我对小姑娘边喊边打着手势。小姑娘却逃跑似的向外跑，在跑的时候孩子不时地回望一下，好像是害怕有坏人追过来似的。

那一刻，一股莫名的悲哀向我袭来，我不能想象小姑娘的父母向她怎样描绘这个世界，在她的意识里真诚和善良或许只在她的爸爸妈妈那里，还有每天搂着入睡的布娃娃那里。回到家中，她或许会向她的爸爸妈妈，还有她的布娃娃讲述自己怎样和一个"大骗子"较量，又怎样机智地逃脱的故事……我的悲哀，不因伤心，不因隔膜，不因误解，只是因为有些人抹杀了一个孩子纯真而自然的天性。

人与人之间是相互关爱的关系，陌生人与熟人之间并没有太大的距离，因为人生就是一个把陌生人变成熟人的过程。如果孩子只是固守在熟悉的圈子里，不敢接触陌生人，那么人生将会有很多局限、很多障碍。因此，父母对孩子正确的教育不是让孩子对陌生人产生恐惧，而是让孩子掌握与陌生人交往的技巧和方法，如果一味地排斥陌生人，那也就等于在排斥自己。

父母对孩子出于保护，不让孩子和陌生人讲话，不要相信陌生人，害怕自己的孩子受到一些坏人的伤害，这种做法的初衷是对的，但是如果父母过于强调陌生人的危险，对孩子的心灵来说，就会容易产生阴影，引起孩子对整个社会的不信任，这对孩子的成长也是极为不利的。其实，孩子敢于大胆地向陌生人问好，知道正确地和陌生人打交道也是一种生存技能,是今后步入社会所必需的基本素质。所以，父母一定要积极地引导孩子与陌生人交往，突破孩子的心理障碍，培养孩子与陌生人打交道的能力。

此外，交往也是孩子成长过程中的一种需要，不断地与陌生人打交道也是孩子成长过程中必然经历的事情。更何况人类社会就是人与人之间构成的各种关系，而这种关系也都是一步步去发展的，是由与陌生人打交道开始的。如果父母在孩子小的时候过度强化陌生人的危险程度，那么孩子以后就会对陌生人避而远之，长此下去，孩子就会发展成为一个性格孤僻、孤独无助的人。马克思说："你希望别人怎样对待自己，你就应该怎样对待别人。"所以，孩子对陌生人的这种恐惧和逃避就会使孩子慢慢地进入人生的死角。

点迷指津

一个人生活在社会上，总要和许许多多的人发生关系。有些关系是直接的，有些关系是间接的；有些关系是密切的，有些关系是一般的；有些关系是长期的，有些关系是短暂的。比如一个学生，除了和父母、亲友有关系，在学校与老师、同学有关系；走在路上，与同行的人有关系；乘车时，与司机售票员和其他乘客有关系；到了商店，与售货员及其他顾客有关系；到剧场看演出，与观众及演员有关系……总之，在一个开放的社会里，人们每天都会接触到很多陌生人，如何良好地处理与陌生人的关系是一种很重要的能力。因此，父母一定要正确引导孩子与

陌生人交往，为孩子今后的人生奠定良好的基础。

1. 父母要正确引导孩子与陌生人交往

随着年龄的增长，活动范围的扩大，孩子结交的圈子也从同学、校友扩大到社会上的其他人。父母只有了解孩子的交友情况，才能恰当地引导和帮助孩子选择朋友。良好的交往关系，有利于孩子社会化，使孩子学会许多社会生活中应具有的能力，反之，则会使孩子受到不良影响，甚至使孩子走入歧途。所以，孩子的交往活动越复杂，所处的群体越多，父母越有责任引导和帮助孩子选择朋友。

2. 提高孩子的自我保护意识

平时要根据孩子年龄的特点，采用灵活多样的方式进行教育，教孩子提高警觉性，既要防范作恶多端的坏人，也要警惕以善意出现的好心人。既要教会孩子识别陷阱和圈套，如那些小恩小惠；同时也要教孩子运用自己的聪明才智和坏人周旋，尽量避免发生意外伤害事件。

3. 给孩子创造机会，多带孩子与年龄相仿的小朋友玩

孩子小时候对陌生人有种天生的畏惧，父母要抓住机会，积极地鼓励孩子与周围陌生的孩子打招呼。同时，父母还要多鼓励孩子在人多的场合说话、表演、和人交流等，给予孩子自我表现的机会。

4. 不要用不恰当的比喻来形容陌生人，以至给孩子带来阴影

比如，有一个小孩因为太调皮、好动，所以孩子的妈妈就告诉他陌生人都是"大灰狼"，结果孩子每次看到陌生人都会害怕，都会第一反应地与陌生人拉开距离。所以父母一定要正确地来描述陌生人。

5. 不要勉强孩子，要耐心地进行引导孩子

孩子在与陌生人接触时，往往会有一种恐惧感，这个时候，父母要积极耐心地对孩子进行引导，不要一味地勉强孩子，要循序渐进。

6. 父母的一些朋友聚会或婚宴活动，也可以带孩子参加

平时，父母要有意识地带着孩子去接触一些陌生人和陌生的环境，常常带孩子接触一些陌生环境和人物，就会增强孩子的认识能力，增强孩子的自我意识，促进孩子的人际交往能力。

正确认识和对待与孩子的沟通交流

沟通是父母与孩子之间的一座桥梁，父母与孩子间良好的沟通不仅能够有效地引导孩子的健康成长，而且还能够开阔孩子的胸怀，使孩子更好地适应社会、适应生活。

与父母沟通是孩子性格形成的重要因素，也是孩子接触社会、进入生活的重要方面。因此培养孩子良好性格、帮助孩子融入社会的关键，就是做好与孩子的沟通与交流。随着孩子年龄的增长，尤其是青春期的孩子，思想变化和情绪起伏都比较大，在家庭中就特别容易产生抵触情绪和逆反心理，这个时候父母就会显得很难和孩子进行语言的沟通和情感的交流。因此，父母一定要从小就注重倾听孩子的心声，了解孩子，加强与孩子的沟通和交流。

父母既要善于发现孩子在想什么，在干什么，又要能够平等地和孩子交流看法。一些父母认为，自己的孩子，每天都和自己生活在一起，还用了解吗？抱有这种想法的父母，应该反思一下了。孩子的身心每天都在悄悄地发生变化，如果不精心观察，家长很难完全了解孩子。这是父母和孩子的天然差距所决定的。

心理学家发现，孩子对于父母亲，在10岁之前处于崇拜期，20岁之前处于轻视期，30岁之前处于反抗期，40岁之前处于深爱期，到50岁才进入理解期。可以说，10岁到30岁之间是代际冲突最激烈的时期。沟通正是家庭教育的基本形式。理性的家庭在互动中帮助孩子明确生活目标，父母能在与孩子共同学习、共同分享的过程中，帮助孩子不断进步不断成长。因此，父母与孩子的沟通是不容忽视的。

倾听并不是光听孩子说什么，父母还要观察孩子非语言的行为，并

适时地给予孩子良好的反馈。父母的倾听并不表示父母必须同意、赞许、认同孩子的行为与感觉，而是表示父母对孩子的关怀与了解。事实上，很多时候并不是孩子变得顽劣或叛逆，不易被父母管教，而是父母很少倾听孩子的心声，而孩子也缺乏表达心声的机会，使得父母并不了解孩子的一切。所以要了解孩子的心声，父母就要试着做一个有效的倾听者。

当冲突发生时，父母应把自己的谈话局限在了解孩子感受及回答孩子的问题上，尽可能在心平气和的气氛下进行友善的沟通。讽刺、嘲笑和施加压力等对建立良好的父母与孩子的关系都是不利的。同时，也要避免给孩子贴"标签"，定"罪名"，这样会显示出父母对孩子的不尊重和不信任。总之，父母一定要重视与孩子的交流与沟通，善于倾听孩子的心声。

指点迷津

父母与孩子在心灵上的沟通，对教育孩子具有非常重要的意义。如果父母经常与孩子沟通，家庭成员之间的关系就和谐、亲密。在这样的家庭气氛中，必定能创造出积极、健康的教育环境。同时，父母与孩子经常沟通，有助于父母及时了解孩子的情况，并及时有效地因势利导，有针对性地做好教育孩子的工作，使孩子更好地接触社会、融入社会，帮助孩子从树立起正确的人生观、价值观和世界观。所以，父母一定要重视与孩子的交流与沟通。

1. 父母要善于倾听孩子的心声

倾听是沟通的前提。只有倾听孩子的心里话，知道孩子想什么，关注什么和需要什么，才能有针对性地给予孩子关心和帮助，也会使以后的沟通变得更加容易。孩子向父母诉说高兴的事，父母应该表示共鸣，如孩子告诉父母他在幼儿园得到了老师的表扬，父母可以称赞说，"噢，真棒，下次你会做得更好"；孩子向父母诉说不高兴的事，父母应该让孩子尽情地宣泄并表示同情，如当孩子告诉父母小朋友推了他一把，他非常气愤时，父母可以说，"你很生气甚至想打他，是吗？但你不能这样做，你可以告诉老师，请求老师的帮助"；当孩子向父母诉说父母不感兴趣的话题，父母应该耐着性子听，表示父母关注孩子的谈话内容，父母可以使用"嗯"、"噢"、"是吗"、"后来呢"等词语，表示父母在认真地倾听，鼓励孩子继续说下去。这样，不仅使孩子更乐意向父母倾诉，也可以提高孩子的语言表达能力。

2. 父母要善于发现

发现是沟通的关键。父母不但要认真地倾听，而且要善于思考，注重在谈话中发现孩子的闪光点。比如，发现孩子能够独立地讲述简短的故事时，要及时给予赞赏："你讲得真不错！"孩子第一次能坚持自己的观点据理力争时，就应该称赞："你真有主见，就像个雄辩家。"父母要注意培养并保护孩子的自尊心，不能一味地说教、指责。这样，孩子不但愿意经常和父母沟通，还能提高沟通的质量。

3. 父母要有一颗童心

父母如果没有一颗童心，总是高高在上，就很难和孩子交知心朋友，也就谈不上真正的沟通。因此，父母和孩子沟通时，要以孩子的心态和孩子能理解的语言进行。孩子做游戏时，父母可以与孩子一起游戏，一起比赛，使孩子觉得父母是他的朋友和伙伴，沟通自然会水到渠成。

4. 父母要控制自己对孩子的批评

批评是教育孩子不可或缺的手段，但使用不当，也会影响父母与孩子之间的沟通，扼杀孩子的灵性。心理学研究表明，犯了错误的孩子，最担心失去父母的爱，所以父母的批评一定要合理地控制，不要对孩子过早地下结论或横加指责，以避免孩子关闭心灵的窗户，拒绝与父母沟通。如果用"孩子，让我们来谈谈好吗"之类的语言开始谈话，允许孩子把事情的经过讲完，并引导孩子说出自己的想法，然后帮助孩子分析问题所在，孩子不仅会自觉地承认错误，还会对父母更亲近。

5. 父母要有足够的耐心

有些父母过于急躁，常常是恨铁不成钢，哪壶不开提哪壶，而且幻想着通过一两次的聊天，就能和孩子成为知心朋友。要知道，父母与孩

子之间的年龄、心理和思想感情等各方面都存在着巨大差异，理解需要一个过程。如果父母过于急躁，沟通就会成为泡影。孩子的气质类型通常可以分为三种：容易型、困难型和迟缓型。容易型的孩子比较容易沟通，而困难型和迟缓型的孩子，由于情绪比较消极，很难对环境和父母及老师感到满意。家长如果失去耐心甚至情绪激动，埋怨、责怪甚至惩罚孩子，就会使孩子变得不耐烦，由此产生困惑、胆怯、逃避等不良心理，甚至产生敌意，父母与孩子的关系就有可能长期不和谐。

6. 父母与孩子的沟通要守信

和所有的友谊一样，两代人的沟通也要讲一个"信"字。说话算数说起来简单，真正做到并不容易。儿童心理医生林达曾经举过这样的例子：一位妈妈因为6岁的女儿不愿与她沟通，便领着女儿去进行心理咨询，结果发现原因是妈妈将女儿告诉她的"秘密"，在晚饭时不经意地告诉了家庭其他成员，结果哥哥姐姐们以此来取笑她，从此她再也不肯对妈妈说什么了。可见，家长"诚信"对孩子的健康成长也是很重要的。

7. 父母要信任孩子

父母是孩子的第一任老师，更是孩子一生的榜样。孩子身上的优点、缺点、好习惯、坏习惯基本上来自父母和周围环境的熏陶。所以要求孩子做到的，父母首先要做到。对孩子做到最多地欣赏优点，尽量地包容缺点。要知道世界上没有完美的孩子，再完美的孩子都有自己的缺点。父母信任自己的孩子是与孩子沟通交流的重要基础。

8. 父母与孩子沟通要平等相处

小明已经5岁了，在家里，父母叫他做事情时常常会这样说，"去把杯子拿来"，"把报纸拿来"，"赶快去弹钢琴"。

虽然有时候小明很愿意去做这些事情，可是每每听到这样的话，反倒没有动力了。

正确认识和对待孩子的交友行为

　　孩子的交友是孩子成长的需要，也是孩子健康成长的保障。如果父母对孩子的交友横加阻止，只会抑制孩子的成长，使孩子性格孤僻冷漠，难以融入社会，难以独立地面对生活。

　　孩子在成长的过程中，总是需要交朋友的。小的时候，邻居、同学、玩伴就是孩子的朋友。孩子在朋友圈中生活时，会显得很轻松、很快乐。即使这种朋友关系不是很牢靠，两个好朋友可能瞬间反目，甚至可能拳脚相加，可第二天，他们依旧会若无其事地一起玩耍。因此，孩子在朋友的圈子里生活，能够体验到更多的喜与忧，能够更快地成长与成熟。朋友其实就是孩子成长中不可缺少的一种营养，没有朋友的孩子，成长状况是无法想象的。

　　孩子的交友，有好坏之分。因为，孩子的交友有很大的随意性和主观性，有时难免会交到一些不好的朋友。如果孩子交了这样的朋友并且以他们为榜样，就会很容易沾染上不良的学习生活习气。因此，孩子的交友行为需要父母的参与与指导。随着孩子年龄的增长，孩子的自主意识和自主交友的愿望都在一点点地萌发，孩子希望父母能够给予自己足够的自由空间，可以让他们自己按照自己的意愿来选择朋友，选择自己所需要的人来交往。因此，如果父母强行干预孩子的交友就会激发孩子的逆反心理，不利于孩子的成长。所以，父母不能一味地压制孩子的交友行为，把自己成人化的交友意识和标准强加在孩子的身上。孩子的成长需要一个过程，父母要做好孩子的向导就要尊重孩子的交友行为，在孩子交友的过程中适时而恰当地进行引导。只有及时地了解孩子的内心想法、交友的过程以及孩子面临的问题和困惑，父母才能有效地对孩子

的交友进行指导。

每个人都渴望交朋友，每个人都有交朋友的权力。父母虽然出于保护孩子的考虑，害怕孩子会交到坏孩子，害怕孩子过早去结交异性朋友出现早恋的情况，但是如果父母在不了解状况的情况下就肆意干涉孩子的交友行为，限制孩子的交友范围，给孩子的交友制定许多的条条框框，就会招致孩子极大的反感，不仅不会给孩子的成长保驾护航，还会给孩子的成长造成极为不利的影响。所以，父母不要总想着限制孩子交朋友，而是要帮助孩子交朋友，积极地引导孩子怎样交朋友，该交怎样的朋友。只有这样，孩子才能在与朋友的交往中获得成长、获得快乐、获得成熟。

刚上初中的薛鹏对表哥说自己特别郁闷，因为爸爸妈妈不允许他和好朋友交往。"连跟谁玩都要受管制，我怎么活啊！"才14岁的薛鹏，身高已接近1.80米，性格也特别开朗，和他要好的朋友都称他"薛老大"。有一次，接他放学的妈妈听到了这个称呼，心里非常警觉："坏人才喊'老大'呢！"妈妈由此断定，喊薛鹏"老大"的那些孩子都不是好孩子，于是，不允许他们继续交往。

可见，父母对孩子的交友要持有一个正确的看法，一定要摆脱自我的局限，主观臆断孩子的交友行为。特别是关于孩子结交异性朋友的问题，父母更要正确对待。

异性交往是人际交往的重要组成部分，几乎每一个人在成长过程中都会遇到。特别是青春期的孩子，性意识会逐渐增强。在这一阶段中，如何建立正常、自然的异性同学关系是极为敏感的问题。今天的社会是开放的多元化社会，异性交往是人际交往中重要的组成部分，是客观存在的现象。回避正常的异性交往不仅会影响到孩子健全人格的建立与发展，还会影响到孩子今后的成长。当然，如果此时过于沉迷尚不成熟的异性恋情，就会给孩子的学习、生活乃至身心发展带来不良影响。

男女孩之间正常交往是有很多益处的。在智力方面，男孩、女孩在智力类型上是有差异的。男孩和女孩在一起互相学习、互相影响，可以取长补短，优势互补，提高自己的智力水平和学习效率；在情感方面，人际交往的情感是丰富而微妙的，在与异性交往的过程中获得的情感交流和感受，往往是在与同性朋友的交往过程中找不到的。这是因为两性在情感特点上有差异，女孩的情感比较细腻温和，富有同情心，情感中有使人宁静的力量，男孩苦恼、挫折感可以在女孩平和的心绪与同情的目光中找到安慰。同样，男孩情感外露、粗犷、热烈而有力，可以消除女孩情感上的多愁善感；在个性方面，只与同性交往，心理发展往往会很狭隘，远不如既与同性又与异性交往的人宽广。这种多项的人际交往能丰富孩子的个性，可以使差异较大的个性相互渗透，相互补充，使性格更为豁达开朗、情感体验更为丰富，意志也更为坚强。

青春期的个体处于成长变化非常迅速的时期，此时的少男少女，对于周围世界的关注以及对于自身的提高和完善特别迫切、特别热衷。从拓展心灵和丰富精神的角度看这确属人生中难得的时机。此外，高尚的趣味和格调，可以最有效地升华与异性交往的质量。试想，一个醉心于克隆奥秘的女孩子，在与男孩的谈天说地之时，话题多半会自动向生物工程领域倾斜；同样，一个迷恋于航空母舰的男孩，在与女孩子相处时，少不了"卖弄"他在这方面的学识等，由此获得对方的尊重和敬佩，也获得内心的平衡和满足。父母也许都有过这种体验，有异性参加的活动，较之只有同性参加的活动，一般会感到更愉快，积极性会更高，玩得更痛快，表现得更优秀。这就是心理学上的异性效应。当有异性参加活动时，接近异性的心理需求就得到了满足，于是彼此都获得了愉悦感，激发起内在的积极性和创造力。可见，健康的两性交往对孩子的成长是有诸多好处的。

因此，父母一定要正确对待和引导孩子的异性交往。只有这样，父母才能为孩子建立起良好的人际交往关系，从而为孩子今后的发展打下坚实的基础。

老马的女儿14岁了，容貌秀美，亭亭玉立。亲戚朋友见了少不了夸她几句，老马也十分得意。一日，老马路遇女儿与一男孩子骑车并肩而来，谈笑风生，忽然意识到女儿大了，心中顿生不安。于是回家后拨通朋友兼青春期教育专家的电话请教，找来了锦囊妙计。准备对女儿与异

性交往的事情实行"加法"。

这"加法"说来也简单,即与男孩子的交往,多比少安全。也就是说,如果女儿只认识一个男孩子,那么,感情和行为"出轨"的可能性就比较大;如果女儿认识两个男孩子,那么"出轨"的可能性将减少一半,说得简单些,认识的男孩子越多,就越安全。于是,女儿生日聚会前,老马建议:除了女同学之外,可以邀请一些男孩子,气氛会更活跃。果然,生日聚会热闹非凡。老马与朋友相聚时,也总是不忘关照一下,请朋友带上几个与女儿年龄相仿的男孩子。于是,女儿的身边同性朋友、异性朋友各有一群。动辄呼朋唤友,或节假日登山、游泳,或考前集体会战、苦读。女儿自然坦荡,别人也都率真无邪。后来女儿进入大学,老马相信女儿有足够的经验和能力处理好交友问题。

指点迷津

孩子的交友行为是孩子成长发展的必然和需要,父母要正确看待孩子的交友行为,既要给孩子充分的交友空间,又要善于给予孩子必要的指导。只有这样,孩子才能在人际交往中健康自由地发展。

具体来说,父母对孩子交友的引导应该从以下几个方面入手。

1. 引导孩子树立正确的友谊观

友谊是朋友之间互相关心、互相支持的一种亲密的情谊,是高尚的道德力量。友谊是建立在共同理想基础上,在共同生活斗争中产生的。它鼓舞人们为完成共同事业而奋斗。父母要教育孩子建立起正确的友谊观。

2. 注意观察孩子的交友活动,了解孩子的交友心态,进行正确的心理疏导

由于孩子的单纯无知和涉世不深,分辨能力和抵御能力不强,有的孩子错误地认为,多结交些"朋友",以便自己日后"出事"有人来帮忙;平时朋友之间互相袒护。作为父母要帮助孩子慎重择友,告诉孩子

讲友谊不是搞"哥们"义气，一旦丧失正确的交友标准，交上了坏朋友，就有走上邪路的危险。有的孩子与不三不四的人交往，结果常常结伙抢钱，打架斗殴……直至走上犯罪的道路，是非常严重的。

3. 家长要正确对待孩子与异性同学之间的友谊

孩子与异性同学间的接触和交往形成纯洁的友谊是正常的。正常的异性交往与友谊能融洽同学之间的关系，促进心理健康发展。父母要告诉孩子与异性同学之间的友谊应该建立在互相帮助、互相学习的基础之上，大家应该是学习上竞争的对手，思想上互帮互助的朋友。父母要引导孩子既要珍视这种纯洁友谊，同时又要防止这种友谊发展成早恋。要引导孩子把握分寸，引导孩子与异性正常交往、自然交往、广泛交往。

4. 教育孩子发展同学之间的友谊不要讲究"吃喝送礼"

没有相互间的忠诚，就没有真正的友谊。人之相知，贵在知心。如果"知人知面不知心"，就谈不上友谊。我国古代的俞伯牙和钟子期就是"知音"、"知心"和"知己"的朋友。此外，"君子之交淡如水"，同学之间的友谊不应互相吹捧、恭维，不应在经济上互相攀比和讲究吃喝送礼。同学之间讲友谊，要待人真诚，不讲假话，不搞欺骗，不搞"酒肉朋友"，不讲排场。只有这样，友谊才能经得起时间的考验。这些，父母都要对孩子进行积极地引导。

正确认识和对待孩子的孤僻性格

性格决定命运，良好的性格是孩子成就一生的资本。因此在孩子成长的过程中，父母一定要注重孩子的性格的培养。特别是对孩子的孤僻性格，父母一定要正确认识和对待，否则，就会毁掉孩子的一生。

在孩子成长的过程中，孩子性格的健全发展是至关重要的。良好的性格与性情直接关系着孩子今后人生的走向。特别是孩子出现孤僻的倾向时，父母一定要及时地给予关注，积极地引导孩子摆脱孤僻的性格。因为，孤僻是一种孤寡怪癖不合群的人格表现，是一种不健康的畸形性格。因此，父母一定要在平时的生活中对孩子多加关注和引导。

孤僻也就是人们常说的不合群，指不能与人保持正常关系、经常离群索居的心理状态。孤僻的人一般为内向型的性格，除了沉默寡言，表情平淡外，主要表现在喜欢封闭自己的内心，常常独来独往，不愿与他人接触，待人冷漠。对周围的人常有厌烦、鄙视或戒备的心理。在对一些事情的处理上显得胆小、退缩、懦弱。

孩子的天性本来是活泼好动、天真烂漫的，因此孤僻不是先天的性格，而是后天环境的影响。另外，有学者推算，我国目前有 30~50 万孩子都患有不同程度的孤僻症。可见，孩子孤僻的倾向已经是一种非常普遍、非常严重的问题。

另外，孤僻也是一种心理防御机制。比如孩子小时候有过烦恼、忧虑、焦躁的不良体验，或者是曾经在与人交往中受到过挫折，都会在孩子的心里留下阴影，给孩子造成一定的心理障碍。然而这种心理障碍就很容易导致孩子形成孤僻的性格，走向自我保护的极端，而变得异常麻木与冷漠。

然而，交往是人们生存的一种基本需要，孩子作为一个社会成员，参加社会交往活动，特别是同龄群体间的交往活动，既是孩子最初社会性发展的需要，也是他们心理和个性发展的需要。所以，只要父母及时地发现，及时地引导就能使孩子朝积极健康的方向发展。因此，父母一定要正确认识和对待孩子的孤僻行为和性格，采用适当而恰切的方法为孩子解除成长道路上的障碍。如果父母对孩子的孤僻性格置之不理，就会使孩子很难有所作为和成就。

那么，具体是什么因素导致孩子形成了孤僻的性格呢？

1. 幼年不幸经历的影响

研究表明，父母离婚是威胁孩子精神健康的重要因素之一。这种遭遇使孩子享受不到家庭的温暖，过早接受了人世间的烦恼、郁闷、焦虑的不良体验，幼小的心灵上留下一道很深的伤痕。孩子只好通过封闭自己，给自己创造一个较为安宁的空间。此外，在某些特殊的环境里，例如在陌生的环境里，亲人突然离去，或父母吵架、不和睦，或经常的训斥孩子，孩子的心理承受不了这种压力，也会使孩子变得不愿与人接触，出现退缩、孤僻等现象。

2. 缺乏交际能力和方法，导致人际交往的挫折

华盛顿大学的心理学家菲利普斯认为，许多儿童不能与他人正常交往的原因，是因为他们在生命的早期没有学会基本的社会交往技能，从而也不能以正常的方式和别人交往。

这使得孩子在人际交往中遭到拒绝或打击，如耻笑、埋怨、训斥，使孩子的自主性受到伤害，随着这种失败次数的增多，逐渐变得惧怕,对交往失去信心，与别人产生隔膜,在团体中找不到归属感,便把自己封闭起来。越不与人接触，社会交往能力就越得不到锻炼，结果就越孤僻。最后孩子经常处于压抑、孤独和冷漠之中,性格变得喜怒无常,难以自制,并且无法与他人进行沟通协调。

3. 抚养教育不当

父母对孩子过分溺爱与迁就也会造成孩子的孤僻。比如当孩子哭闹不愿去幼儿园时，父母就依顺孩子的要求，使孩子得不到集体生活的锻炼。比如父母怕孩子与其他小朋友玩时吃亏，就整天把孩子关在家中，让孩子独自玩耍。

此外，缺乏母爱或过于严厉、粗暴的教育方式对孩子也有很大影响。孩子得不到家庭的温暖，会变得畏畏缩缩、自卑冷漠，过分敏感、不相信任何人，最终形成孤僻的性格。

可见，孩子的孤僻性格是由多方面的原因造成的，因此父母在孩子成长的过程中一定要注重孩子成长的细节，不要让孩子成为一个孤僻而冷漠的人。

点　迷
指　　津

　　哥伦比亚大学的心理专家戴斯认为：家庭是学习人际关系的第一所学校，也是形成孩子性格的重要因素。因此，孩子与人交往的技能首先是在与家人的情感交流过程中形成的，孩子会在与父母的情感交流中学会获得爱和表达爱的方式，学到基本的说话方式、手势、表情和交往方式。因此在孩子成长的过程中，父母一定要注重对孩子的呵护和培养，正确认识和引导孩子的孤僻行为。

　　1. 创造条件并引导孩子与他人交往

　　如果孩子缺乏与同伴之间的交往，就不能理解、分享他人的喜怒哀乐，就会形成对他人他事的淡漠情感，并难以发展最初的人际交往能力或宽容他人的心理调节能力。据调查表明，这种社会化程度较低的孩子，成人后往往会表现出离群索居的孤独倾向。

　　为了避免孩子形成孤僻的性格，父母要有意识地改变家庭生活环境的封闭状态，要"敞开家门"让孩子从"自我"的小圈子中走出去，参与交往、体验交往并享受交往。为了避免孩子形成孤独的性格，父母还要尽可能把孩子带出去或把同事、朋友的孩子请到家里来，让孩子们在做游戏的过程中体会交往的快乐，帮助孩子消除与人交往的胆怯、惧怕心理，增加孩子交往的兴趣，并以此来帮助孩子正确认识他人和社会，走出自我心灵封闭的误区。

　　2. 鼓励孩子参加兴趣活动

　　让孩子学会为他人的胜利鼓掌，从内心体验他人成功的喜悦之情。只有让孩子保持这种乐观豁达、积极向上的精神状态，才能使孩子真实面对自己、他人和社会，也才有可能使孩子远离或走出性格孤僻的误区。

　　为了避免孩子形成孤僻的性格，父母应根据孩子的特点安排活动，使孩子从与他人的对比中感受到获得成功的喜悦，从而增强自信心，不再排斥与人交往。譬如，孩子跑步很快，但又因为他平日不喜欢与别人在一起，这一优势并没有显露出来，也不曾得到任何鼓励，对此，父母可请来几个小朋友与他一起赛跑。当他第一个跑到终点的时候，小朋友们对他报以热烈的掌声，并为他戴上一朵小红花作为奖励。孩子从这项活动中受到很大鼓励，以后就会主动邀请小朋友一起跑步或做游戏，逐渐摆脱不合群的习惯。

3. 多参加体育锻炼

性格孤僻有时与体质弱也有一定的关系。一般体质弱的孩子，都会缺乏活动的耐性和持久性，这样就容易被同伴奚落和歧视，处于这种状态的孩子会采取回避社会、回避人际交往，用孤僻来保护自己的生活方式。所以，家长应多带着孩子旅游，参加登山、游泳等体育锻炼，这些活动既可以培养孩子勇敢、乐观的精神，又可以增强孩子的体质，使孩子能够正常参加同伴间的游戏和各种集体活动。

4. 培养与他人交往的技能

在礼貌方面，教育孩子面带微笑，主动向别人问好，用商量的口吻与人说话，生活中正确地使用礼貌用语；在交往技能方面，教孩子主动热情地把自己的玩具给小伙伴玩，相互拉拉手表示友好；在合作技能方面，强调轮换角色，分享快乐，做到胜不骄、败不馁；在帮助别人方面，培养孩子的同情心，对别人的正当请求和困难提供帮助，从而获得伙伴的喜爱，以结交更多的朋友，在友情中体味到交友的乐趣；在仪表修饰方面，强调整洁大方，增强自信心。

5. 让孩子融入一个团结向上的班集体，使孩子体会到集体的温暖

让孩子多参加一些集体活动，鼓励他为集体、为同学出力。在他生日时，建议老师在班上开一个生日聚会，在活动中感受着集体的温暖和乐趣。鼓励孩子积极参加班里组织的各项活动，如：讲故事、绘画、唱歌等比赛活动，为孩子提供多露面的机会，使孩子感受到成功的喜悦。同时鼓励孩子多接触别班的孩子，在别班去找好朋友，让孩子体验合群的愉快感。

重视对孩子合作精神的培养

竞争与合作是新时代环境下不可或缺的主流精神，是每个人都应具备的意识。父母要从小就对孩子进行合作精神的培养和教育。因为，合作精神是孩子与人交注，接触生活不可替代的素养。

合作是一种十分重要的社会交往行为，是指学会与他人共同生活，善于与他人进行合作，善于为了共同的目标而奋斗的一种团体行为。特别是在现代的社会环境与激烈的竞争压力下，只依靠自己的力量是很难有所作为的，只有合作才能产生最大的合力，才能发挥最大的功效。

组合优化已经成为大家的一种共识，因为这种弹性的组合方式不是简单的数字叠加，而是优势互补的配合，是一种集优势最大化的和谐。合作精神就是这样的一种优化了的组合。它需要一种对己、对事、对人的自制力，需要一种与人相处的能力以及用博大的胸怀接纳他人的能力。只有具备了这些能力，才能达到良好的合作效果，才能实现最终合作的成功。然而，令人担忧的是，现在的孩子却普遍缺乏合作精神。

现在大多数家庭都是独生子女，孩子以自我为中心的意识都比较强，父母和祖辈都非常溺爱娇宠，孩子很容易滋生自私、不与他人分享或合作的心理。孩子凡事都会先考虑自己的利益得失，从不知为别人着想。因此，孩子在家庭这个最早加入的社会结构中，养不成与他人合作的自觉性，只是任性而骄横，走向社会以后，自然也不可能与他人合作。

但是，在新的时代环境下，竞争与合作就像是一个人的两只脚，是缺一不可的。甚至说，合作能力比竞争能力更重要。试想一下，当今世界分工愈来愈细，几乎没有不需要合作的地方。所谓"鸡犬之声相闻，老死不相往来"只不过是一种假想的"理想国"，在现代社会是不可能存在的。因此，父母一定要注重对孩子合作精神的培养，否则，社会不会包容孩子的自我主义。孩子如果不善于与人合作就只能被社会淘汰。

家庭是孩子形成良好性格的摇篮，家庭教育的作用是不容忽视的，所以，父母从小就要注重对孩子的培养，就要善于教给孩子怎样与他人共同生活，怎样在人际交往中与他人合作，共享合作的成果。

孩子合作精神的培养，首先就要从孩子合群开始，发展孩子的同伴关系对孩子来说是非常重要的。实践证明，孩子间的交往活动早在婴儿期就有所表现，如12个月左右的孩子对他曾经见过几面的婴儿表现出更多的触摸，同时1—2岁的孩子喜欢注视彼此的活动，也喜欢彼此靠近，做一些小游戏。这种交往虽是短暂的，但却足以说明3岁以前的孩子确实需要同伴关系。

合群可以使孩子更好地适应群体、集体生活。孩子参加群体的活动是以后参加集体生活的前奏。孩子3岁以前如果不和别的孩子交往，孩子会比较孤寂，3岁以后参加集体活动就会有不适应现象，在集体中就会像个多余的人。

合群可教会孩子分工协作、遵守既定规则的人生基本常识。群体活动需要角色的分工，要求相互间的配合，还需遵守游戏规则。

合群有利于孩子养成外向、开朗、活泼、乐于接触外界和他人的良好性格特征。

点迷指津

学会合作，是孩子学会做人的一项基本能力。21世纪是一个合作的世纪，合作精神和团队意识已经成为衡量一个人能力强弱的标准。但是，缺乏合作意识和团队精神已经成为大多数孩子们的通病，所以，如何加

强对孩子合作意识的培养已经成为父母必须正视的问题。那么，父母应该如何培养孩子的合作精神，激励孩子与他人合作呢？

1. 营造良好的家庭环境

家庭是孩子学习生活的第一课堂，父母是孩子的第一任老师，而且孩子很容易受外界环境的影响。因此，父母一定要为孩子营造一个平等、宽松、温馨的家庭氛围，在这样的家庭环境下，孩子更容易养成合作的习惯。

2. 父母要尊重孩子的意愿和人格，全方位地接纳孩子

现在父母常犯的一个错误是往往易从自己的意愿出发去要求孩子，将自己的意愿强加在孩子身上，而不管孩子是否理解和接受。这样，往往增加孩子的挫折感和逆反心理。父母应学会尊重孩子愿望和人格，与孩子一起分析产生行为缺点的原因和后果，主动积极地倾听子女的诉说，共同寻找克服的途径和方法，使子女感受到父母的关怀。受到父母接纳的孩子往往比较友善，乐于与人合作，孩子从父母那里学会了对别人的尊重和理解，增强了善解人意、与人相处以及与人合作的能力。

3. 培养孩子多为他人着想的意识

家庭中每一位成员都应该为他人着想，为家庭幸福和睦着想。父母不应该强迫孩子放弃自己的想法和感受，而应该站在孩子的角度去理解孩子、体谅孩子。只有在理解的基础上，孩子才会接受父母的教诲，同时学会理解他人。马克思有一句名言："人同世界的关系是一种人与人的关系，那么，你就只能以爱来交换爱，只有用信任来交换信任。"所以，要想让孩子形成合作精神，首先要培养孩子为他人着想的意识，学会换位思考，而要达到这一目的，父母必须首先学会为孩子着想，学会设身处地、体贴入微地去理解孩子。

4. 给孩子讲道理

父母可向孩子说明合群的好处，比如可以结交新的朋友，分享新的玩具，还会学到新的知识、技能，同时可增强孩子的自信心和安全感，使孩子勇于去接触外界新的群体、新的朋友。

5. 父母应创造孩子合群的机会

父母可有意识地多带孩子去一些小朋友较多的场所，如公园、广场等，给孩子提供一个机会，让孩子来抉择。

总之，培养孩子的合作精神，对孩子进入集体生活、适应社会，处理人际关系都有着十分重要的作用。